主　编　王剑波

副主编　胡　玫　陈素平　凌华君

立德树人

中小学价值观教育36例

教育科学出版社
·北　京·

编　委　会

主　　编： 王剑波

副 主 编： 胡　玫　陈素平　凌华君

编写人员： （以姓氏笔画为序）
方海东　欧素鸯　单茹茹　黄又绿

坚持价值引领 践行立德树人

俗话说，小成靠勤，中成靠智，大成在德，终成于道。核心价值观是一个国家的精神，是一个民族的灵魂，共同的价值观能起到形塑社会的作用。党的十八大以来，以习近平同志为核心的党中央围绕"践行和培育社会主义核心价值观"提出了一系列新思路、新理念。习近平总书记多次强调，对一个民族、一个国家来说，最持久、最深层的力量是全社会共同认可的核心价值观。

近年来，温州市教育系统始终牢记"为党育人、为国育才"的初心使命，坚持价值引领，在大中小幼德育一体化上持续探索，打造了"四品八德""新青年下乡"等品牌，取得了良好成效。在此基础上，我们深刻认识到"核心价值观培育"对广大学子立德铸魂、启智润心的重要作用，全力思考和解决"中小学生价值观教育如何有效落地"这一命题，出台了《温州市新时代中小学价值观教育的实施意见（试行）》，全面启动实施了"价值观引领未来"工程。

价值引领，重在守正出新。总结回顾阶段性成效，我们欣慰地看到，价值观教育已经成为全市广大师生的广泛共识，成为全市德育工作的重要方向，成为全市推进课堂变革、转变育人方式的关键课题，大家学习、研究、思考、践行价值观教育的力度、深度、创新度都有了显著提升。尤其是在极不平凡的 2020 年，温州市教育教学研究院携同全市 10 个德育、思政和班主任名师工作室及 7 所学校，以社会主义核心价值观为主题，以生动鲜活的抗疫题材为背景，积极探索价值观主题教学的学段性目标设计、实践性内涵解读，研发价值观主题微课，正式出版了《后疫情时期中小学价值观教育 48 课》一书，在全省教育系统率先构建了中小学生社会主义核心价值观教育教学体系，使之成为"未来教育"背景下培育"未来学生"的重要组成部分。

守正出新，更要知行合一。为了推动中小学核心价值观教育真正落地，我们鼓励全市各地各校广大教师结合地方实际、学校实际和学生实际，开展校本化、特色化、个性化探索，打造具有鲜明温州教育辨识度的实践案例。我们开展了两届全市案例征集活动，收集到了 300 多个优秀案例。经过精心筛选和提炼，我们将其中的精品案例汇编为《立德树人：中小学价值观教育 36 例》一书，涵盖了 6 条德育实施途径，即课程育人、活动育人、实践育人、文化育人、管理育人以及协同育人，生动全面地展现了当前全市中小学一线班主任教师、学科教师以及学校层面在社会主义核心价值观教育实施中遇到的典型问题、总结的实践经验、提炼的理论认知。从案例来看，不同途径反映了不同的问题领域与视角，相应的价值观教育实践体现了不同特点。我们相信，依据不同视角聚焦相关案例，可以帮助学校和教师对某一途径进行多视角、深度化的探索与思考，从而找到将社会主义核心价值观"落细""落小""落实"的实际可操作的模型，为实现"将价值观教育融入教育全过程"启发新思路、提供新经验。

知行合一，必须久久为功。今年，中共中央、国务院印发了《关于新时代加强和改进思想政治工作的意见》，再一次重点强调要培育和践行社会主义核心价值观，加强教育引导、实践养成、制度保障。青少年时期是价值观启蒙、形成和确立的关键阶段。抓好核心价值观教育，直接关系着"培养什么人"这个教育首要问题。在此书的案例中，我们也清晰地看到，广大中小学校在实施价值观教育中，坚持五大原则：坚持正确方向、坚持规律导向、坚持"五育"并举、坚持协同推进、坚持本土创新，初步体现了"三全"育人机制的落实。我们还需久久为功，贯彻落实党的教育方针，抓住价值观这个"总开关"，帮助学生扣好人生第一粒扣子。要特别注重"五育"并举、德育为首，充分发挥学校德育主渠道作用，推动社会主义核心价值观教育与各学科横向整合、纵向深化，与教育教学全过程融合在一起。要进一步挖掘和运用瓯越文化精神、社会资源，深度结合"四史"教育，主动探索社会主义核心价值观教育的新形式、新途径、新方法，积极推进理念创新、手段创新和机制创新，增强学校德育的吸引力和感染力，推动中小学价值观教育取得更大突破。

让我们坚持价值引领，践行立德树人，在"未来教育"大道上持续探索、坚定前行，着力培育德、智、体、美、劳全面发展的社会主义建设者和接班人，为温州打造教育高地、打响"学在温州"品牌贡献更大力量，助力温州打造共同富裕示范区市域样板。

是为序。

浙江省温州市教育局党委书记、局长　郑焕东

2021 年 6 月

目 录
contents

实践育人篇

文化育人篇

管理育人篇

协同育人篇

课程育人篇

　　课程是实现育人目标的基本载体，课堂是学科育人的主阵地。学科课程的教学实施要结合教材与学情，积极发掘价值观教育的融入点、生成点、链接点，凸显学科本质的价值观念与育人功能，以丰富学生的价值认知、培育学生的价值情感、提升学生的价值理性，促进学生积极价值观的形成，引导学生在知识学习的同时形成正确的世界观、人生观与价值观。

　　本篇6个价值观教育案例，展示了在学科教学中开展"渗透式"价值观培育的丰富样态。教师面对学生知识学习和生命成长中的真实问题，立足学科教学，以高度的价值自觉发现和创造价值观教育的契机。他们运用情境探究、角色扮演、阅读拓展、体验实践等多种教学方法，超越单一的知识传递，让学生在知识学习中经历价值理解、价值认同、价值选择以及价值整合的过程，构建出触及学生心灵的价值导向型学科课堂。

王二小为什么不读书？

背景

10月的一天上午，我在教学二年级上册"语文园地三"之"我爱阅读"——《王二小》时，让孩子们先自主阅读，读后交流不理解的词句。交流中，一个孩子问什么是"放哨"。我简单解释后，另一个孩子马上站起来问道："老师，这里说王二小'一边放牛，一边帮助八路军放哨'，他不用读书吗？"这一问，教室里就炸开了锅，大部分孩子表示不理解——王二小为什么不读书呢？

过 程

王二小为什么不读书？作为一名儿童团员，白天不是应该在学校读书的吗？学生的困惑，让我决定以此为契机，带领孩子们开展一次红色教育主题的阅读实践活动，让孩子们在阅读实践中了解历史，传承英雄精神，激发爱国情怀，树立正确的价值观。

搭桥：链接资料，拉近距离

时空上的距离，必然会造成孩子认知理解上的隔阂。《王二小》这个故事发生在抗日战争时期。当时的社会背景如何？故事的真实情节是怎样的？类似的问题对二年级的孩子来说较难理解。于是，我整理融合各种资料进行了如下拓展。

1. 介绍背景，让孩子了解历史

我简单地整理了当时的历史背景，用简短、浅白的语言告诉孩子们：

"当时的中国，社会很不安定，经常发生战争，穷苦人家的孩子几乎不可能上学。他们要么给别人或自家放牛，要么跟随长辈在田地里做农活。村子里没有学校，孩子们也根本没办法上学。而且，他们的生命安全不能得到保障，一旦发生战争，他们随时都有可能死亡……"

孩子们似懂非懂地听着，小脸上流露出同情的神色。看着孩子们一双双天真无邪的眼睛，我知道，孩子们已经和身处那段历史的同龄人产生了共情。

2. 还原故事，让孩子在故事中品味细节

《王二小》的故事在历史上确有其事，当时与他在一起放牛的还有一位儿童团员叫史林山。据史林山后来回忆，王二小当时是有意将敌人带入埋伏圈的。于是，当天午读时间，我将《王二小》的故事原型呈现在大屏幕上，孩子们一边看，一边听我讲述：

"1942 年 10 月 25 日，日军对王二小所在的村庄进行扫荡。当天，王二小正在山岗上放牛。看到日军距离村子越来越近，王二小心想：可不能让日本鬼子进了村，那样乡亲们可就遭殃了。情急之下，王二小叫史林山跑去向

八路军报信，自己则故意暴露在日本鬼子面前。

"日本鬼子原本就迷路了，这下可好，正好把王二小抓过来带路，而这正是王二小的目的。王二小将日本鬼子带进了八路军的埋伏圈，几十个日本鬼子在八路军的攻击下瞬间溃散，死的死，跑的跑。恼羞成怒的日本鬼子将王二小一刀刺死。那一年，王二小年仅 13 岁。"

听完这个真实故事的具体细节，我发现几个孩子的眼眶湿润了。于是，我趁热打铁，追问："孩子们，小小年纪的王二小在危难时沉着冷静，勇敢地挺身而出，将敌人带入埋伏圈，让八路军消灭了全部敌人，此时此刻，你最想说什么？"

"王二小真勇敢！"

"王二小不仅勇敢，还很聪明！"

"王二小真了不起！在危急时刻，他先想到的是乡亲们！"

……

孩子们你一言我一语，言语中流露出对王二小英勇无畏精神的敬佩。

3. 丰满人物，帮助孩子铭记英雄

王二小就是他的真实姓名吗？王二小所在的村子在什么地方？……这些，肯定又是孩子们想要了解的。为了丰满王二小这个小英雄在孩子们心目中的形象，我又带领孩子们认识王二小：

"王二小，原名阎富华，河北省保定市涞源县人。抗日战争时期，他是儿童团团长，在一次敌人扫荡中，为了保护转移的乡亲，被敌人残忍杀害。1989 年 1 月，抗日小英雄'王二小'被追认为烈士，当地还建了'王二小烈士纪念碑'。"

听了这些，孩子们才知道，王二小是一位烈士。原来烈士就是为了革命、为了国家牺牲自己的英雄啊！至此，孩子们也更加明晰了每年清明节大家纷纷前往烈士陵园祭奠革命烈士的原因。

牵线：联读整合，深化认知

《义务教育语文课程标准（2011 年版）》指出，语文课程要关注课程内容的价值取向，要继承和发扬中华优秀文化传统和革命传统。王二小的故事发生的年代虽然久远，但如果仅仅是引领孩子们了解历史，拉近时空距离，革命传统精神的传承和发扬还不能落实。于是，我以《王二小》为引，展开了一系列的联读与整合。

1. 联读，寻共性

革命传统故事作为全民族珍贵的精神财富具有重要的价值，需要代代传承。仅一个王二小还不足以让孩子们对革命英雄精神有深入的了解。因此，我以此为引子，在经典阅读课的时候带领孩子们阅读了《鸡毛信》和《小英雄雨来》两个故事。读完后，我让孩子们寻找三个故事的共同点（见表1.1）。

表1.1　寻找故事共同点

故事篇目	共同点
《王二小》	
《鸡毛信》	
《小英雄雨来》	

很快，孩子们便把自己的发现表达了出来：

"三个故事讲的都是小孩子的故事。"

"三个故事讲的都是革命年代发生的故事。"

"三个故事中的人都很勇敢。"

"三个故事中的人都为了保护群众、保护八路军，冒着危险，他们都是了不起的小英雄！"

……

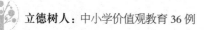

孩子们的语言虽然稚嫩，但字里行间已经流露出他们正确的价值观：为国家、为人民而牺牲自己的人都是很了不起的！

2. 观影，比童年

由于低年级孩子的认知发展特点仍以具体形象为主，所以声像共存的影视作品对他们的吸引力和教育力会更大。因此，我又利用午间阅读时间，带领孩子们观看了《闪闪的红星》《小兵张嘎》等革命小英雄的影片。孩子们入神地看着，结合已有认知，在剧情激烈时摩拳擦掌，在剧中人物遇到危险时屏息凝神，在看到胜利时欢呼呐喊，仿佛自己就是影片中的小英雄。

看后，我深情地问孩子们："在特殊的年代里，这些与我们年龄相仿的孩子不仅没有书读，还要面对战火与各种危险，相比之下，你们觉得自己现在的生活怎么样？"

生 1：我们现在很幸福！

生 2：我们现在不用担心吃什么、穿什么，爸爸妈妈都帮我们解决。

生 3：我们有家长保护，很安全！

……

师：孩子们，你们说得都很对，可是你们知道我们现在的幸福生活是怎么来的吗？

（孩子们若有所思。）

生：是毛主席……

（一年级上学期学习《吃水不忘挖井人》时，孩子们认识了毛主席，了解了毛主席带领大家建立新中国的历史故事。）

师：你们想说是毛主席带领大家建立了新中国，才有了现在的幸福生活，是吗？

生 1：嗯，是的！

生 2：我们国家现在强大了，才会有这么幸福的生活！

……

3. 唱歌，颂英雄

优美的旋律能够丰富人们的情感，促进人们更好地理解歌曲深邃的内涵。于是，我又带领孩子们学唱《王二小》这首歌。孩子们跟着视频学习，婉转悠扬的旋律绵长动人，唱着唱着，他们慢慢开始哽咽，小脸蛋上流露出复杂的神情。随后，我又让孩子们齐唱了《中国少年先锋队队歌》，激昂的旋律让孩子们热血沸腾，小脸上仿佛写满了"为共产主义事业而奋斗"的坚定信念。

> ## 铺路：活动实践，确立观念

鉴于小学生独特的年龄特点，红色精神的教育还要通过灵活多样、立体化的方式开展。因此，我有意发挥地域特色和网络便利，引导孩子们进行系列实践活动。

1. 参观基地，激发情怀

温州是一个具有悠久的革命斗争历史和光荣革命传统的地方。这里有许多红色革命基地，如江心屿的温州市革命烈士纪念馆、洞头的女子民兵连、平阳的中共浙江省第一次代表大会旧址等。这些红色革命基地可以让孩子们更好地了解地方革命史和斗争史。因此，我推荐家长们利用节假日带孩子去参观红色革命基地，在行走中加深了解，传承英雄精神，激发爱国情怀。

2. 网上祭奠，缅怀英烈

习近平总书记说："一个有希望的民族不能没有英雄，一个有前途的国家不能没有先锋。"从古至今，我们国家涌现出了无数的革命志士、民族英雄。因此，我推荐孩子们进入"中华英烈网"，给英烈们献上花圈或留言，也建议来年清明节，请家长带他们去革命烈士陵园走一走。孩子们通过这样的活动，了解了更多革命烈士的故事，从而明白了新中国的成立是无数先烈用鲜血和生命换来的。

3. 采访前辈，忆苦思甜

历史虽已远去，但我们的身边依然还有些曾亲眼见证过那段历史的老人。于是，我引导孩子们采访家里的老人，如爷爷奶奶、外公外婆或其他长者，听他们讲讲过去的故事。孩子们从老人们的讲述中了解到革命年代的社会环境，亲人们小时候真实的生活状况，以及老人们对他们的殷切期望，从而发现这个时代的美好，增强珍惜现在幸福生活的意识。

反　思

一个人的阅读史就是他的精神成长史。红色教育主题阅读实践滋养了孩子们的精神世界，有助于他们逐步形成并建立社会主义核心价值观。

1. 爱国主义熏陶，浸润无声

平常，我们经常跟孩子们提到爱国，但很少在具体的故事中深化，孩子们缺乏从同龄人的故事中近距离体会爱国情感的体验。上述案例中，我从《王二小》这篇故事入手，引导孩子阅读《鸡毛信》《小英雄雨来》等故事，观看《闪闪的红星》《小兵张嘎》等影片。孩子们从这些小英雄的身上深切感受到他们坚定的爱国信念、真挚朴实的爱国情怀。"爱国无小事""英雄不论年龄"，在这些具体真实的故事中，孩子们对"家国"的概念更明晰了，初步明白了"有国才有家""国在我心中"。

一周后，我很欣喜地看到一位值日老师在我们教室外面拍到了一张令人感动的照片：一个迟到的孩子听到国歌声，独自一人静静地站立在教室外，面向国旗行队礼。那凝重的神情，令值日老师都为之感动。

我想，对于一个二年级孩子而言，这就是对爱国最好的诠释。

2. 革命精神传承，渗透无痕

对于今天的孩子来说，传承革命精神并不是像故事中、影片中的小英雄一样投身到战斗之中。和平年代，孩子们需要从革命精神中领悟新的内涵。在上述案例中，我通过"搭桥—牵线—铺路"，让孩子们明白了勇敢、拼搏、奋斗、不屈不挠……这些新时代的革命精神，让孩子们从小就懂得，和平年代我们依然需要继承和发扬革命精神，以崭新的面貌做社会主义事业的接班人。

3. 价值观确立，循序有度

每个孩子之前虽然都已能熟练背诵社会主义核心价值观，但对于二年级孩子而言，这些字眼依旧难以理解。孩子们从小英雄的故事中，明白了"爱国"的分量；在与战争年代的同龄人比童年的过程中，发现了只有国家稳定和谐，人民生活才能安居乐业；在参观与探访中，深切感受到只有祖国富强了，生活才能更加美好。在这个主题活动中，孩子们懂得了小学生不仅从小要爱自己的国家，而且要立志努力学习，长大为安定社会、建设祖国贡献力量。

（温州市龙湾区第二外国语小学　吴玉微）

"省电王"带来的价值启示

背景

　　复习课是学科教学中的主要课型之一。和新授课相比，它因为包含更多的知识和能力要素而更容易使学科育人的教学目标被忽略。在复习课中，教师需要以情境为载体，寻找一个知识和能力之外的角度有机整合学习内容，使之有序化和系统化。在互联网高速发展的时代，生活中的新事物不断涌出，以此为情境的复习课堂不仅是对学科知识和方法的应用，亦是学生大胆质疑、小心求证的学科素养形成过程。引导学生通过合理假设和科学检验，用更全面的视角正确认识它们。让学生在达到熟练应用知识和有效提升能力的复习目标的同时，亦能建构科学观念，从而逐渐形成正确的价值观。本课以初中科学的电能复习课为例，进行了以下教学探索。

过 程

展示新鲜事物，引发质疑

教师展示为生活带来便利的各种用电器，同时提出电费贵这一困扰，创设冲突。

展示新事物——"省电王"，介绍它简便的使用方法（只需插到家里的任何一个插座中，其余用电器照常工作，就可以达到省电目的）以及商家宣传的显著效果（使用1—2个月，省电高达36%），引发了学生的质疑："省电王"是否能达到宣传中所说的效果？

检测使用效果，解答疑问

为了将装置连入电路中检测它的使用效果，设置了任务1：实验鉴定"省电王"能否省电。

任务1的完成包含了探究的各个部分，按照实验方案设计、器材选择、数据获取、结果讨论等环节，将其分解为几个子任务依次展开。

子任务A：确定省电标准。

这部分以学生讨论的形式展开。学生以小组为单位展开讨论：如何判断"省电王"是否具有省电的效果？讨论前，学生明确任务：选择合适的用电器，设计实验方案。讨论后，各组介绍成果，并结合实验操作的实际情况，从时间长短、用电器数量等因素出发，确定可操作性最强的方案。在生生对话和师生对话中，学生学习表达自己的观点、倾听和尊重他人的观点，逐渐形成合作交流、同伴互助的观念。

子任务 B：选择实验器材。

根据子任务 A 中选定的实验方案，学生列举所需器材，教师展示有关器材，同时，突出对电能表的进阶式选择。

·初步选择：凭已有知识和感觉选择。教师展示机械式电能表和电子式电能表，视频播放工作状态、介绍相关参数，学生初步做出选择。

·再次选择：从精确度角度进行选择。学生利用比热公式进行计算，结合电能表参数再次选择，并通过小组汇报的形式，阐述选择的依据。在师生和生生的对话中，教师及时引导，精确度是测量设备选择的重要依据。

·第三次选择：结合安全因素综合考虑。教师介绍新工具：多功能计量插座。学生结合相关计算判断：能否用该多功能计量插座测量电热水壶消耗的电能。在交流环节，引导学生关注实验过程中安全性的重要性。

电能表选择的递进，是学生连续且螺旋上升的学习进程。引导学生从多种信息源中获取关键信息，从精确度和安全性等角度综合考虑方案的可操作性，尤其从科学的视角看待安全性，帮助学生树立正确的生命观。

子任务 C：进行实验。

学生根据实验设计，通过实验获取真实数据。

子任务 D：得出结论。

学生处理所得数据，得出"省电王"既不能省电，也不能提高电功率的结论。提出问题，引导学生思考和解释：所测得电功的数据 $W_总$ 比计算出的水吸热的理论数据 $Q_吸$ 大一些的原因。通过实验得出的真实数据的比较，解答学生的疑惑，进而得出明确的结论，鼓励学生敢于质疑、敢于依据客观事实提出和坚持自己的见解，形成实验需要实事求是的观点和严谨的科学态度。

理论综合分析，剖析成因

实验数据向学生展示了结果，学生从实验现象中能提炼出答案，而他们对这个答案还是心存疑惑：实验样本较少，是否会因为偶然性而导致实验结果与宣传不符？因此设置了任务 2：理论分析"省电王"为何无效。

教师引导学生从能量转移和转化角度分析，同一电热水壶，在相同的环境中，一个使用"省电王"，一个不使用"省电王"，烧开初温相同、质量相同的水，用"省电王"不能省电的原因，从而使学生明确省电的两个途径：减少不必要的电能消耗和提高电能转化的效率。通过能效比等资料的介绍，提供选择家电时综合考虑电器能效等级的建议。

理论分析需要学生综合考虑能量转移与转化、热传递等内容，学生认识到自然界是相互影响、相互联系和相互制约的统一整体，并将理论联系生活，将省电的动作落到实处。

结合产品迭代，升华认识

教师介绍电热水壶更新：从鸣笛型到防干烧型，重点在加热方法上的区别。提出任务 3：分析防干烧型电热水壶更省电的原因。

学生综合应用本节课复习的知识网络，联系省电的内涵，发表自己的观点。教师进行过程性评价，结合设备使用更方便、能源更节约的更新方向，指明防干烧型电热水壶能减少不必要的电能消耗，减少因热量散失到空气中而造成的能量损失。

进一步补充资料：防干烧型电热水壶的壶体材料从双层隔热到三层隔热的升级。学生能够准确获取技术更新的目的，是通过减少热量的散失以加快加热速度，进而提高能源的利用率。

在厘清电能的转化和转移的前提下，让学生从节约能源的角度升华认识：减少不必要的电能消耗，是我们现在能做的；提高电能的应用效率，是我们将来能做的。以此在学生心中埋下可持续发展的种子，帮助学生从科学的视角寻找人与自然的和谐相处之道。

反　思

1. 以"省电王"为复习载体，鼓励学生勇于质疑

"省电王"是网络宣传的一种新型"省电设备"，以此为复习载体，介绍它的简便使用方法和商家宣传的显著效果，以鲜明的对比刺激感官。面对这样"神奇"的新设备，组织学生采用实验验证的方法，用真实的数据检测其能否达到宣传中所说的效果。学生思考如何获得数据、测量相关数据、分析比较数据，继而结合理论分析解释数据，通过由形象到抽象的递进，引导学生用科学的思维看待事物，用科学的知识和方法解决问题，使学生逐渐养成用批判的眼光看待新事物的习惯，鼓励学生勇于对所见所闻进行合理质疑并进行积极探索。

2. 以省电为任务主题，引导学生全面认识节能

电能转化与生活联系紧密，用电器工作、电费计算等都与生活息息相关，它背后隐藏着对能量利用效率的探讨，即省电。省电不仅是一种行为习惯、生活态度，也包含着科学原理。本课以学习任务为催化剂，采用主题任务的形式展开，以"省电"为任务主题，按照"何为省电""能否省电""如何省电"的逻辑主线，对任务进行递进式排列（见图 1.1）。

在科学知识和方法的辅助下，节能的内涵在学生心中逐渐饱满起来。电

能的背后，是火力发电厂的废气排放和不可再生能源的不断消耗，而省电也不仅是随手关灯，更是对于电能转化效率的不断追求。节能不仅代表不浪费的行为方式，还包含着节能的判断依据、方法、原理等内容。与此同时，正是因为有了更加全面的认识，才激起人们对节能的不懈追求，这使得学习的过程充满动力，也使得学习的目的更有意义。

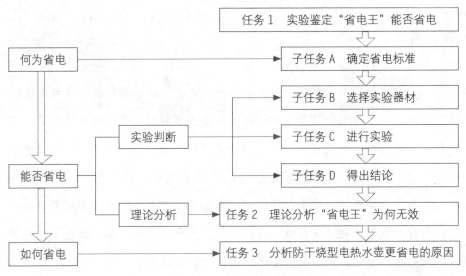

图 1.1　"电能复习"的主题推进和主要教学环节

3.以节能为讨论情境，指引学生与自然和谐共处

本节课在省电的主旋律下开展，无论是"省电王"省电效果的检验，还是电热水壶迭代的认识，都是对省电方法和原理的讨论。在任务完成和资料了解的过程中，学生逐渐体会到节能的意义和价值。学生对节能的理解经历了"省钱→省电→省能源"的过程，这是"个人的→社会的→全球的"认识层次的提升。同样，在认识的过程中，学生也逐渐体会到人类是自然界的一部分，而不是自然的主宰者，人类的生存和发展都是人与自然交互的过程。由此，引发学生共鸣，在学生心中种下一颗与自然和谐共处的种子。

（瑞安市飞云中学　胡声伟）

一场雾霾引发的"官司"

一次学习经验交流分享会上，学生介绍语文、数学等学科的学习方法时滔滔不绝、极为细致，但是在讲到道德与法治学科时，学生的介绍却是"不管你现实生活中如何选择，在考试时一定要选择最'红'最'正'的，这是一门'背多分'的学科，多背诵就可以了"这样的经验。

听到这样的评论，我陷入了深深的思考。作为一名道德与法治学科的教师，我深知这门课程不仅担负着传授知识、发展能力的任务，而且承载着学生德育内化的重任。但是为何在学生的认知中它却成了一门"卷面道德""背多分"学科了？应当如何让德育课堂脱离"表、浅、俗"的痕迹，吸引学生的兴趣，提高德育的有效性呢？在"法治政府"的教学中，我做了如下的尝试。

过 程

法治是社会主义核心价值观之一。虽然生活与法律密切相关，但是学生对于法治价值观没有直观的感受，理解并不深刻，应如何将法治概念解析透彻，易于学生理解呢？我决定从学生的生活入手，寻找生活素材。我以"一场雾霾引发的'官司'"创设了主题式的探究情境。

创设情境，激发价值冲突

情境呈现：村民发现，××厂近期经常排放浓烟，怀疑其对环境有污染，加重了雾霾，而且极有可能是导致村民呼吸道疾病频发的元凶。村民将问题反馈至环保局，但环保局却迟迟没有回音，村民想到人民法院提起诉讼，但法院回应：村民不具备诉讼资格，不予立案。无奈，村民敲开了镇长办公室的大门。

师：如果你是镇长，你会如何处理村民的诉求？

生1：让村民去找环保部门或法院解决问题。

生2：积极为民主持正义。

这样一个情境铺垫，初步调动了学生参与的积极性，学生的推测和判断，也使学生对事件后续的发展更有兴趣。我在这样的基础上继续呈现事件的发展。

牛镇长表示："事关老百姓生命安全，我管！"然后，他带人查封了××厂的锅炉，要求其停产整治。

师：你对牛镇长的印象如何？

生1：很硬气！很牛气！

生2：真真正正做到了为人民服务，是个好官！

（学生表现出钦佩、赞赏的神态和语气。）

我通过一个生活化的情境创设，塑造了一个为民服务的镇长形象，也引发了学生情绪上的共鸣。于是，我继续介绍：但是，锅炉被查封后，××厂收益受到极大的影响，厂长一纸诉讼将牛镇长（镇政府）告上了法庭，那么这样一场"民"与"官"、"正义"与"邪恶"之间的博弈会如何发展呢？我随机调查了三位学生，让他们推测这一场审判的走向，他们均表示牛镇长能够获胜，因为他代表的是正义一方。随后我呈现了法院审判的结果：牛镇长败诉！（学生表现出很震惊、很意外的神态）一个是"为人民服务"带队查封化工厂的硬气牛镇长形象，一个是因"未依法行政"导致镇政府败诉的丧气牛镇长形象，一对极具冲突的形象引发了学生的认知冲突，打破了学生原有的认知平衡，激发了学生进一步探究的欲望。

开展讨论，进行价值判断

此时，学生充满了探究的欲望，我继续追问："你觉得牛镇长冤吗？"随机提问中，多数学生表示"冤枉，因为镇长是出于保护环境和老百姓健康的目的"，但也有一个学生提出质疑："村民只是怀疑可能会造成呼吸道疾病、加重雾霾，并没有实证"。有观点的冲突就是重塑价值判断的最好契机，时机已然成熟，我顺势组织学生以小组为单位进行分析讨论：审判结果合法吗？你如何看待牛镇长的行为？

学生在小组内进行观点的阐述、交流、碰撞、重构，最后他们基本形成一致的认知：审判的结果是合法的，牛镇长虽一心为民，但是在执法过程中没有做到依法行政（没有职权、程序不当），属于违法行为，需要承担相应的法律责任。通过探究，培养学生正确的权利义务观，让学生从理念上树立法律至上、敬畏法律的观念。

引导分析，明晰价值选择

通过小组讨论和教师剥洋葱式的追问，学生已经能从法理层面形成一种认知——违法就需要承担相应的法律责任，但是学生并不能真正从情感上理解在这一场情与法的冲突中为什么选择了法而不是情，"人治"和"法治"的价值区别在哪里。所以在这一环节，我引入县环保局在面对这一事件时的做法，进行对比分析，引导学生进行思考，做出价值选择。

县环保局：在接到群众的举报后，加强了对××厂的监控，进行调查取证，随后举行了听证会，并依法下达对××厂的整改通知。

牛镇长：在接到群众的举报后，带人查封××厂锅炉。

师：县环保局和牛镇长的做法分别会带来什么样的影响？

生1：县环保局先进行监控、取证再做出整改处理，让处理过程和结果更加公正透明，更容易让人们信服，有利于树立政府的权威。

生2：牛镇长未进行调查，只听取群众的片面之词就查封了××厂，不仅影响了××厂的收益，而且有可能会让人们怀疑牛镇长是不是故意打压××厂，也会影响政府的形象。

生3：牛镇长没有依法行政是违法的行为，需要承担相应的法律责任；而县环保局依法行政，公开、公正的做法更有利于保障人们的权利，包括××厂和老百姓的权利。

……

确认选择，树立法治信仰

为了引导学生更好地理解"法治"与"人治"的区别，教师设置了两个形象——县环保局和牛镇长。县环保局强调法律的权威，按照法定程序行使自己的法定职责，做到了依法行政；而牛镇长虽一心为民，但是在行使职权的过程中强调个人和职位的权威性，实为"人治"。将两个晦涩、难懂的抽象概念以形象的方式呈现，不仅利于学生理解，且更具有趣味性。通过上一环节县环保局和牛镇长对××厂事件的处理过程分析，学生已然有了更清晰的价值选择：法治是现代社会的必然选择。在这一环节，我通过一个"情""法"两难的情境，有意引发学生认知"失衡"，从而促使学生通过合作、探究构建新的认知平衡，新平衡建立的过程便是学生德育内化的过程。

回归生活，拓展价值实践

教育不仅在课堂上，更应在社会生活中。为了进一步促进学生法治实践能力的提升，我在课后给学生留了一项生活作业："请你关注生活中的不和谐现象，并发挥主人翁意识，积极建言献策，共同守望法治家园。"通过作业，我指导学生以公民的身份参与社会法治实践，真正做到尊法、学法、守法、用法，自觉参加社会主义法治国家建设。（见表 1.2）

表 1.2 "参与法治建设 守望法治家园"活动记录单

姓名：_____	
关注的现象	
解决方式	
解决结果	
活动感悟	

原以为这项作业会是学生众多作业中最容易被遗忘的一项，因为它的难度较高，但是结果却大大出乎我的意料，学生非但没有忽略这项作业，而且很认真地去完成：有的同学发现盲道经常被非机动车占用，通过"12345"政务服务便民热线进行反映；有的同学针对语言暴力现象，利用校园板报完成了一期"对语言暴力说'NO！'"的专题板报宣传。

反　思

1. 有生活才有趣味

苏霍姆林斯基曾说过，把教育意图隐蔽起来，是教育艺术十分重要的因素之一。尤其是在道德和价值观教育的课堂上，强行植入只会让学生形成"虚伪的课堂价值"，课堂表现是一套标准，实际言行则是另一套模式。以"一场雾霾引发的'官司'"这一生活化的故事创设教学情境，树立开放的教学观，将生活情境融入课堂教学，能促使学生关注和思考，形成一种轻松和谐、充满生气的互动课堂氛围。

2. 有思辨才有深度

初中道德与法治课教学应该是一种唤醒和点燃。价值观的确立仅通过照本宣科的说教难以达成，应根据学生的认知发展规律和水平，创设具有思辨性的问题或者两难情境，让学生在两难问题中产生价值碰撞，进而在深入思考中做出合乎要求的道德判断与选择。

3. 有实践才有价值

道德与法治作为一门德育课程，和生活有着千丝万缕的联系。应以生活为突破口，通过发挥学生学习的主体性，调动学习的主动性，引导学生"从生活中来""到生活中去"，通过实践活动获得对现实世界的直接经验和真实感受，并深化对学科内容的理解，达到知行合一。

（温州市实验中学　包慧敏）

体味民主生活，感受民主力量

背　景

在一次道德与法治课堂中，我正在讲解中国新型民主的特征，通过人大代表的议案分析我国社会主义民主是维护人民根本利益的最广泛、最真实、最管用的民主。一个男生在课上嘟囔："什么最真实民主，这些背背就好了。"我突然意识到，学生会背这些概念，能默出民主的内涵，但却无法从内心真正理解民主的价值，感受民主的力量。

如何让学生亲身参与民主生活，把民主的价值观教育变得具体化、生活化、本土化？由于我校位于人口密集社区之中，狭小的道路上经常发生道路拥堵，学生行走不便，我便设想以学生最熟悉的日常生活——我校周边交通问题的解决为切入口，引导学生通过民主参与公共生活与决策，切身感受民主的价值。

过 程

立足现状，找原因

为了让学生更全面地了解学校附近拥堵的原因，我将其作为周末作业布置了下去。令人惊喜的是学生并不简单囿于实地考察，而是采用问卷、采访等方式，全方位了解校园周边交通状况，甚至结合遥感卫星的实景地图进行分析。学生总结学校附近拥堵的原因如下：

社区人口密度大，道路狭窄且曲折。

社区停车位太少，且部分居民停车不规范。

道路两侧商铺林立，部分商铺的货品占据了人行道。

接送学生的车辆通行不规范。

学生行走不规范，喜欢三两人挽手并排走在路中间。

……

"没有调查就没有发言权"，正是在调查实践中，学生进一步明确了问题的原因，树立了社会生活的主人翁意识，也激发了学生进一步探讨科学对策的热情。

全面分析，想对策

分析完原因后，我组织了小组讨论活动，思考对策。

生1：天天堵车，干脆我们都不要上学好了。

生2：就是车位太少，多画点停车位就可以了，实在不行就把房子拆掉吧。

生 3：真应该让教育局领导感受一下交通拥堵的"快乐"！

其余学生：就是，就是……

眼看学生情绪逐渐失控，我及时叫停了发言，告诉学生参与民主生活需要我们遵守规则，理性表达。抱怨从来不是解决问题的方法，更有甚者会触犯法律，我们要的是解决问题，而不是发泄情绪。

平复了学生的情绪后，讨论活动继续。

生 4：我觉得房子多、道路窄已经是难以改变的事实了，那我们就想想能改变的吧，当务之急是先画停车位，规范居民停车，没有按规定停放车辆的罚款、扣分。

生 5：家长的车不应该开进来，到温迪路口停下就可以了。

生 6：三个年级段可以实行错峰上下学。

生 7：设置专门的行人通道。最好老师也绿色出行，不要开车上班了。

生 8：我爸爸说可以学习其他社区实施开放式街区交通微循环。

……

正处于青少年时期的学生富有激情，却可能缺乏对问题理性、客观的认识。经过引导，学生开始认识到，要立足现实，以理性、公正、客观的态度，全面、辩证地看待问题，表达观点或意见。

亲身经历，探民主

师：刚才同学们提出的解决方案中，哪些是我们可以立刻操作起来的呢？

生 1：对家长和学生的要求。

师：我们可以通过什么方式向他们宣传？

生 2：家长会。

生 3：对学生的话可以通过班会课宣传教育，对家长可以发《文明接送倡议书》。

师：那画停车位、实行交通微循环我们可做不了，怎么办呢？

生 4：找有关部门。

师：到底找哪个部门呢？我们该如何联系？如何传达我们的诉求呢？

班级里一下子安静了，大家你看看我，我看看你，好像在说这超出了他们的能力范围。这时，一个男生打破了沉默："所以我就说民主之类的根本不是我们学生能搞的。"部分学生眼有赞同之意。我心想，不能让这种情绪蔓延，于是提示道："你不知道表达意见的方式和途径，不代表它不存在，这就是我们学习的意义所在。同学们，当我们有问题但又不知道找哪个职能部门解决时，我们可以上网查找相关部门的联系方式或地址，也可以拨打 114 进行转接，或是拨打政务服务便民热线反映。"

学生："真的有效果吗？不会打不通或是没人理我吧。"

看着学生好奇的小脸，我拿出手机说："到底能不能打通，我们打一个试试就可以了。""真的可以吗？"学生既兴奋又有点胆怯。我提示学生，为了更清晰有序地表达自己的诉求，可以将自己想法先写下来。经过讨论，同学们慎重地派出了我们班表达能力最强的小 A 进行本次通话。小 A 神情郑重地按下了 12345，并打开了免提："你好，我是来自南浦实验中学的小 A……""您反映的问题我们已经知晓，目前温州市城市规划设计研究院和温州市城市交通研究所已经在设计规划下吕浦的社区微循环了……"通话结束后，小 A 挺直了腰杆微颤地坐了下来。"工作人员态度好好啊！我们的政府真牛！"……"叮"一条短信发来（见图 1.2），全班响起雷鸣般的掌声。下课铃声响了，欢乐的时间总是过得这么快。

图 1.2 政务投诉举报电话短信反馈

老师："其实除了拨打电话，我们还可以通过'温州市网络问政平台'向政府提出自己的意见。今天晚上我们可以设计一份给我校学生的《文明上下学倡议书》以及给家长的《文明接送倡议书》，或是和父母一起针对下吕浦堵车问题在'温州市网络问政平台'进行反馈。"

在课堂上让学生拨打政务服务便民热线，"亲临"民主一线，这种感受是文字远不能及的。这通电话，使民主的种子在学生心里扎下了根。

齐心协力，践民主

第二天我们整合了班级同学的《文明接送倡议书》（见图 1.3），并将其提交给学校，很快，这份倡议书就被发往全校两千多个家庭。

亲爱的家长、同学们：

我校地处于人口繁密的下吕浦社区，本就街道狭窄，居民车辆多，校门口交通安全隐患多。最近校门口在进行道路维护工程，更增加了交通压力，而很多家长接送孩子上下学时依然把车开到校门口甚至随意停放车辆，加剧了交通堵塞，影响了广大师生按时上下班、上下学。此外，我们还发现许多同学交通安全意识薄弱，常常结队而行、嬉戏打闹、乱穿马路，这些行为给原本就车辆往来频繁的道路又增添了严重的交通安全隐患，给来往行人的生命安全带来了潜在的威胁。

为此，我们南浦实验中学向全校学生和家长发出倡议，希望大家自觉遵守各项交通安全法规，文明行路，文明停车，平安出行，在日常学习、生活中做到：

1.在上学和放学期间，家长的汽车、摩托车、助动车、自行车等交通工具一律不准进入校门口的空地，请将交通工具有序地停放在附近的温迪路上，让学生到校时从温迪路步行到学校，放学时从学校步行到温迪路上坐车，以保证其他学生进出大门的安全。

2.自觉遵守交通安全法规，增强安全意识。不乱穿斑马线，走路时不嬉戏打闹，不随意穿梭于车辆之间，遇见车辆要安全避让。

3.同学之间相互督促，提醒自己与他人不在学校附近无证饮食店和流动小摊买"垃圾"食品，一是确保食品卫生安全，二是避免交通堵塞，缓解交通压力。

4.为了保障同学们的安全，校门口设立了专用人行道，请家长教育并引导孩子学会**出校入校走校门口两侧专用人行道。**

为督促以上措施的积极落实，我校将组织值日老师和家长义工进行督导巡查，一旦发现上述不文明行为，我校将会对不文明家长的车辆和不文明学生的校牌进行登记，在学校曝光台公布，并进行交通安全再教育。

请家长和孩子从我做起，从现在做起，平安出行，文明出行，与我们携手共创安全、有序、和谐的校园交通环境，共建美丽校园！

温州市南浦实验中学

图 1.3 温州市南浦实验中学《文明接送倡议书》

在学生的倡议下，一位家长在温州市网络问政平台反映了下吕浦一区停车难的问题，并得到鹿城区政府的及时反馈。

班级一名同学联系上的一位温州市政协委员，在市政协会议上就在交通拥堵的社区实行交通微循环提出提案。

从课堂到社会生活实践的各个主体，师生、家校、社会共同努力，最后经过政府、公安机关、交管部门和社区市民代表的共同协商讨论，温州市城市规划设计研究院和城市交通研究所制定出下吕浦社区的交通微循环示意图，并将其对市民进行了公示和宣传。交警队还在下吕浦设置了大量交通示意标志并画好了车位线。学校附近的交通拥堵情况有了"质"的改观。

如今，这批学生已经毕业，每每回到学校时，他们总要和我聊上几句现在学校附近的交通状况，然后再评论一下现在温州的社会状况，例如，老旧小区的改造、城市道路规划、教育问题……。我知道，有一颗叫"民主参与"的种子已经在这群眼里闪着光的少年的心中扎根，发芽。

反　思

民主是一种价值理念，更是一种政治实践。对于自我意识不断增强的初中生来说，因缺乏对民主理论的认知、民主生活的体验，更少有实践的平台，从而限制了他们对民主内涵的理解和对"民主"价值观的认同感。本案例着眼于校园周边交通问题，引导学生以主人翁的意识，从课堂出发，将对民主价值的认知转换为生活的实践，参与社会问题的解决，让学生体验民主的力量，感受民主生活的意义，进一步内化对我国民主生活的追求。

1. 关注社会生活，激发实践认知

心理学和教育学的研究表明，当学习材料与学生已有的知识和经验相联系时，学生的学习兴趣瞬间就会被点燃，使他们迫不及待地想走近知识。在社会主义核心价值观教育中，如果只是简单解释，学生很难有深刻的认识。在经历本次活动后，有学生恍然大悟道："我还以为这些新型民主、社会主义之类的'高、大、上'词汇只是在电视里出现，没想到我们身边就有啊！"正所谓"课堂是小天地，社会是大课堂"，唯有将二者打通，才能真正让学生体味民主生活，感受民主力量。

2. 参与社会实践，提升价值体验

中学生要想提升对民主的认识，不仅要学习理论性的民主知识，更要学会技能性的民主知识。例如，学会如何获得相关信息和资料，经过分析整理，将其作为判断和决策的依据；学会清晰地表达自己的意见，并能书写成文。学生通过多种方式参与调查，归纳交通拥堵的原因，讨论分析其对策，一定程度上丰富了学生的民主知识。尤其是引导学生在课堂上现场致电政务服务便民热线、课后在网络问政平台上留言等，极大地激发了学生参与民主生活的热情和意识。通过亲身实践参与，学生学会理性对待问题，主动参与社会问题的协同解决，增强了社会责任担当意识。

3. 改变教学观念，提升价值意识

本案例留给我的一个重要启示是，作为承担着教书育人职责的老师，要有勇气从传统的"学科老师"角色定位中走出来，改变说教式课堂模式，引导学生把知识学习与生活实践相连接。特别是思想政治课老师，更要有价值意识，关注学生价值观的发展，善于把抽象的价值观概念转化为学生鲜活的

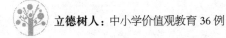

价值体验，甚至是有现实力量的价值实践。教育的价值不只在于让学生获取知识，更在于引导学生学会运用知识于实践，并对这个世界有正确的价值担当与追求。

（温州市南浦实验中学　王淑臻）

社会大课堂赋能思政小课堂

背 景

　　价值观教育是高中思政课教学的落脚点，培育爱党爱国的政治认同是高中思政课首要的课程目标。高中《思想政治必修3　政治与法治》（2019年版）第一单元是关于"中国共产党的领导"的内容，我在教学中坚持政治性和学理性相统一，强调以透彻的理论解析、缜密的逻辑论证来引导说服学生。但在一个单元教学快要结束的时候，一位学生发出了这样的感叹："我觉得这一单元好抽象，难以理解。"学生的感叹提醒了我，如果只有理论探究和教师例证，学生自己缺乏切身生活体验，对爱党爱国的理念理解得不够深刻。于是，在本单元的综合探究课《始终走在时代前列的中国共产党》教学中，我带领学生迈入了社会大课堂。

过 程

梳理探究子议题，筹划教学过程

"始终走在时代前列的中国共产党"的探究活动围绕着"为什么中国共产党执政是历史和人民的选择"，"怎样高扬永不褪色的旗帜"，"如何理解依法执政"三个子议题展开，共同指向"党如何保持本色、坚持特色、与时俱进"的探究目标（见表 1.3）。为了让学生能够真切感受党的领导，我决定将教学过程分为"社会实践活动"和"课堂思维活动"两部分，让学生先通过社会实践活动生成关于中国共产党的具身体验，然后再通过课堂思维活动归纳总结，升华对坚持党的领导的政治认同。

表 1.3　"始终走在时代前列的中国共产党"探究活动子议题

子议题	社会实践活动	社会实践成果课堂展示	课堂思维活动
为什么中国共产党执政是历史和人民的选择	理论宣讲	打双草鞋送红军——"中共执政地位的确立"百家讲坛	中国共产党是如何取得执政地位的
怎样高扬永不褪色的旗帜	专题访谈	一双布鞋寄初心——"新时代的布鞋精神"党员抗疫事迹	中国共产党为何先进
如何理解依法执政	参观访问	微观皮鞋悟执政——党建引领下的温州康奈集团发展历程	中国共产党的执政能力如何

迈入社会大课堂，生成价值体验

为了让学生化被动为主动，真切感受党的执政历程和执政能力，本课创设了三个社会实践活动。

活动一"理论宣讲"：利用影视资源，如观看《建党伟业》《建国大业》等影片，或查阅新中国成立前国内政治局势，以"中国共产党是如何取得执政地位的"为主题撰写"百家讲坛"发言稿。

活动二"专题访谈"：访谈身边的优秀共产党员，了解他们的抗疫先进事迹。

活动三"参观访问"：走访温州皮鞋企业的党组织，了解改革开放以来在党的领导下温州皮鞋业的发展历程，思考党依法执政的表现。

在社会实践活动中，同学们有的惊叹于中国共产党执政过程中所经历的艰难困苦，感受到老百姓对党的爱戴与支持；有的第一次意识到自己的父母、亲人、老师是共产党员，做了许许多多为人民服务的"小事"；还有的领略了企业党组织的领导力，了解了中国共产党一步一步带领温州皮鞋企业做大做强的发展历程，对"党是领导一切的"这句话有了深刻体验。

聚力教室小课堂，升华政治认同

经过社会实践活动，学生对中国共产党的领导有了具体、扎实的情感体验，接下来就需要趁热打铁，通过课堂上的实践成果展示和思维活动，将感性的体验转化为对坚持党的领导的政治认同。

环节一：打双草鞋送红军

首先，本课课堂活动要解决的是"中国共产党是如何取得执政地位"的问题，让学生认可中国共产党的领导和执政地位。我邀请第一组社会实践的同学担任"党史宣讲员"，结合社会实践成果，向同学们讲述中国共产党是如何取得执政地位的。在"党史宣讲员"的讲解中，同学们仿佛回到了革命年代，通过老百姓"打双草鞋送红军"的故事感受中国共产党与人民之间的深切感情，体会到人民是从心底拥护中国共产党执政的，中国共产党的执政地位是历史与人民的选择。

环节二： 一双布鞋寄初心

其次，本课课堂活动要解决"中国共产党为何先进"的问题，让学生理解党的性质、宗旨和初心所体现的先进性。我首先展示新中国成立初期我国领导人走访群众时穿布鞋的照片，带领同学们归纳出共产党人贴近群众、为民服务的"布鞋精神"。之后提问："现在穿布鞋的人少了，'布鞋精神'是否过时了？"引导学生意识到"布鞋精神"寄托了党的初心，能够跨越时空，历久弥新。之后，我邀请第二组社会实践的同学上台将自己课前收集到的身边党员抗疫的先进事迹进行分享，请全班同学归纳总结"新时代的布鞋精神"的特点，引导学生感悟中国共产党不忘初心、牢记使命，永葆先进性和纯洁性的本色。

环节三： 微观皮鞋悟执政

最后，本课课堂活动要解决"中国共产党的执政能力如何"的问题，引导学生对党的执政能力充满信心，坚信中国共产党能够带领人民走向更美好的未来。因此，我邀请第三组社会实践的同学上台介绍"党建引领下的温州康奈集团发展历程"，在此基础上，我又提供了"改革开放以来党的部分三中全会简要回顾"与"我国现行宪法的历次修改"等情境。通过让学生小组合作探究"温州皮鞋业的发展和党的领导有何联系"与"如何理解中国共产党依法执政"等问题，引导学生将生活经验和学科知识融会贯通，最终得出"中国共产党坚持依法执政，具有与时俱进的执政能力"的结论。

反　思

这节课让社会大课堂赋能思政小课堂，教师将价值观培育目标"藏"在一个个具体的实践活动背后，让学生在实践中通过调动感官、生成体验、引发思考，从而树立正确的价值观。为了让社会实践活动更好地服务于价值观教育的要求，在具体操作中需要注意以下几点。

1. 预备阶段：做好顶层设计

在开展社会实践活动前，教师首先要做好活动的顶层设计，明确活动形式、内容和具体目标，这样能够极大提高活动的有效性。

第一，社会实践活动的形式要多样化。本课选用了理论宣讲、专题访谈、参观访问三种不同的社会实践形式，能充分调动学生的学习积极性。

第二，社会实践活动的设计要有针对性。在设计价值观教育指向的社会实践活动时，教师应该从价值观教育内容出发。本课的价值观教育内容围绕爱党爱国展开，因而在社会实践活动的设计上密切围绕党史、党员和党组织，活动具有聚焦性。

第三，社会实践活动的任务要具体化。为了让学生在有限的课余时间里有效达成价值观教育目标，在进行社会实践活动时，教师要提前将社会实践的任务以"任务单"的形式布置给学生，并提供一定的方法指导。

2.实施阶段：引导正向体验

社会实践活动的实施阶段主要以学生为主体自主开展活动，但教师还是要注意适当介入，引导学生生成正向的情感体验，为树立正确价值观奠定坚实的基础。

第一组社会实践是让学生利用影视资源或查阅新中国成立前国内政治局势，以"中国共产党是如何取得执政地位的"为主题撰写"百家讲坛"发言稿。为了确保内容方向的正确性和情感体验的震撼性，教师提前对影视资源进行筛选，并对最终形成的发言稿把关。

第二组社会实践是让学生访谈身边的优秀共产党员，了解他们的抗疫先进事迹。本环节开放性强、自由度高，学生的实践成果也丰富多彩。但也有少数学生没有想要访谈的对象，需要教师个别交流指导，引导他们发现身边的优秀共产党员，感悟他们的奉献精神。

第三组社会实践是走访温州皮鞋企业的党组织，了解改革开放以来在党的领导下温州皮鞋业的发展历程。该环节学生获得的信息量最大，也最需要教师陪同进行。在走访温州皮鞋企业的过程中，教师要时刻注意引导学生将温州皮鞋业的发展历程和党的领导联系起来进行思考，从而使学生深刻体会党的领导作用。

3.总结阶段：升华价值认同

学生在社会实践中生成的情感体验是暂时性的，在社会实践结束后，还需要回归思政课堂，通过课堂思维活动总结社会实践成果，使情感体验升华为思维习惯和价值认同，巩固已取得的价值观教育成果。

以本课为例，在课堂思维活动中，每个小组都要上台就社会实践成果进行展示，在展示的过程中需要对本组的实践活动进行深入思考，从而在不知不觉间树立起爱党爱国的正确价值观。同时，学生根据亲身经历的社会实践进行的成果展示在课堂上引起了广泛共鸣，在随后的课堂探究环节，小组讨论十分激烈，课堂发言非常活跃，中国共产党不再是遥远的概念，学生有话可说、有物可议、有感可言，在表达与思考中逐渐升华坚决坚持和拥护党的领导的政治认同。

（温州市第十四高级中学　叶佳晨）

疫情之下，和高中生聊聊富强

背 景

　　富强是社会主义核心价值观的首要价值目标，也是实现中华民族伟大复兴的物质基础和保障。富强包含着两大主体的价值诉求：一是人民的富裕，二是国家的强盛，即民富国强。当前，高中生对于富强的感受，主要来自周边环境和网络信息。然而，发展的不平衡、网络上信息过于碎片化和许多观点难辨真伪，会使正处于价值观确立关键时期的中学生产生困惑，使他们对"富强是什么？我国究竟是强是弱、是贫是富？我们什么时候才能实现民族复兴？"等问题产生疑问。基于此，本课结合疫情大教材，引导学生正确认识到在富强道路上我国取得的成就和存在的问题，以此对疫情之后我们"中华民族就已经富强了"等问题进行讨论，帮助学生树立正确的国家观和富强观。

过 程

　　富强是什么？我们到底有没有实现富强？看似简单的问题，背后蕴藏了关于我国的发展现状、现在所处的历史阶段、现阶段的奋斗目标等一系列的问题。当前，我国的抗疫取得了举世瞩目的成就，这是否意味着我国已经实现富强目标了呢？针对学生的困惑，我决定以此为契机，开展一次以"富强"为主题的思政课教育，与同学们聊聊富强到底是什么，我们要怎么看、怎么办。

环节一：家国担当的底色

议题描述：什么是富强？

情境1：纪录片《十天十夜火神山医院的建设》、根据国务院联防联控机制新闻发布会相关数据整合的湖北抗疫成本。

任务1：谈谈自己对富强的理解。

在本环节，在关于什么是富强的价值阐述中，我并没有平铺直叙地说富强的含义，而是通过《十天十夜火神山医院的建设》这一极富感染力的视频和湖北抗疫成本真实数据的呈现，引导学生思考我们在两个月内控制住疫情的原因，在潜移默化中触发学生对什么是富强的价值思考。

学生在看完视频和新闻呈现的数据之后，深刻感受到祖国日益强大。在回答"什么是富强"时，有的同学惊叹于控制疫情成本之高，认为富强就是生产力发达，经济总量世界第一；有的同学则表示富强就是再也不受别人欺负，万事自己能解决，不用去祈求别人；还有的同学认为富强就是富足而强盛，在突如其来的灾难面前，国家有足够的物资和力量去应对各种危机，政治、军事和经济都能达到世界领先水平。

基于不同学生对富强的不同解读，教师要引导学生找到不同观点之间的共同点和不同点，从中归纳出我们社会主义核心价值观所追求的富强的真正含义，指出富强是实现中华民族伟大复兴的物质基础和保障。学生则在寻找共同点的过程中潜移默化地树立了家国情怀，对什么是富强有了更深刻的认识。

环节二：民富国强的求索

议题思辨：你认为当前我们已经实现了富强目标吗？

情境 2：课堂调查——"你认为当前我们已经实现了富强目标吗？"

任务 2：回答课堂调查的问题，请说明理由。

在本环节，教师要引导学生知道我国在富强道路上的成就和现存的问题。为此，我设置了一个课堂调查。学生在畅所欲言中提出自己的看法，有的同学结合时政认为，我们已经实现富强了，理由是我国的 GDP 居世界第二，我国在短短两个月内控制住了疫情，我国是 2020 年世界上唯——个经济实现正增长的国家等。有的同学则比较纠结，看有些新闻觉得我们已经很强大了，比如，中方回应美国没有资格居高临下同中国说话；看有些新闻则觉得我们并没有变强大，比如我国人均 GDP 仍低于世界平均水平，2020 年我国还有约 6 亿人月收入只有 1000 元等。

面对学生给出的不同答案和不同理由，我通过播放展现改革开放以来我国 GDP 总量的增长、完备的工业制造业体系等的视频以及 2020 年我国人均 GDP 与发达国家间的差距、电子计算机断层扫描（CT）等核心技术依赖进口等新闻，引导学生意识到我国发展取得的成就以及存在的不足。一方面，用数据和事实让学生感受到祖国日益富强，增强民族自豪感和自信心；另一方面，用存在的现实问题引导学生认识到当前我国的发展现状与我们所追求的富强价值目标仍存在一定的差距，如我国与发达国家之间的差距，我国在创新发展、协调发展等方面的问题，从而激发学生为消除贫困、巩固全面建成小康社会成果、实现全体人民共同富裕而努力奋斗的坚定信念。

环节三：安全与发展并举

议题决策：新时代如何将富强目标转化为现实行动？

情境 3：角色模拟。

①如果你是一名做出口贸易的小微企业员工，受疫情影响，许多欧洲订单被取消，企业资金链断裂，你即将面临失业。这时，你会怎么做？

②如果你是一位民营企业家，由于产品的技术含量低、缺乏核心竞争力以及家族式管理，限制了企业发展，你会制定什么策略促进企业发展？

③如果你是某市市长，面临本市人才流失严重、人均 GDP 全省倒数第一的情况，你会如何打好战"疫"和重新振兴经济的这场硬战？

任务 3：小组合作探究，选择一个角色，提出具体的措施。

在本环节，教师要引导学生理解国家富强与个人奋斗是相互联系的，富强目标的追寻离不开每个人的奋斗。我通过创设三个情境，让学生模拟小微企业员工、民营企业家、某市市长在疫情大背景下就如何解决面临的困境，实现安全与发展并举，制定具体的措施。

学生在情境模拟中，通过选取不同角色，提出不同的解决方案。有的同学从个人角度出发，认为自己当前的能力并不足以解决找工作的问题，意识到当前应该好好学习才能避免以后失业；有的则从企业家角度出发，认为产品技术含量低，应该投入大量资金研发核心技术，比如效仿华为公司自主研发手机操作系统，为中华之崛起而奋斗，将个人奋斗与国家富强和民族复兴联系在一起；有的从市长角色出发，认为对于人才流失，可以通过提高待遇，比如提高住房补贴和解决配偶工作等引进高精尖人才，对于经济发展缓慢这一问题，可以发掘本地旅游资源或者产业资源，再通过直播带货、网红景点的打造等带动当地经济的发展。

同学们都说得特别好。当下，从政府到企业，从国家到个人，我国正努力克服疫情的不利影响，加快恢复经济社会发展。同时，面对疫情在多国多点暴发的严峻形势，我国又做了什么呢？通过展现我国尽己所能向有需要的国家和国际组织进行的援助行为，通过学习习近平主席在二十国集团领导人应对新冠肺炎特别峰会上的重要讲话，引导同学们理解我们追求富强，不是要弱肉强食，而是要秉承人类命运共同体理念，践行大国责任和大国担当。而中华民族的富强之路、复兴之路，不可能一朝成就，需要一代又一代中国人民持续不懈地努力奋斗，需要每一个中国人持之以恒地努力。这不仅是情境模拟、角色体验，也是我们每一位同学将来走上社会所必然要承担的社会角色。

课后拓展任务

1. 观看节目《这就是中国》第 47 集：防控中的经济保卫战，根据你感兴趣的话题搜集相关资料，并与同学分享。

2. 小组合作走访当地扶贫干部，了解当地扶贫工作，并切身参与扶贫工作，体验"扶贫干部的一天"。

反　思

1. 整合时政素材，挖掘"价值源"

价值源是学生价值观形成的思维触发点。为了让学生有更直观的情感体验，教师要在课前有选择性地整合时政素材，通过真实案例和真实数据的呈现，引发学生对现实现状进行思考，挖掘学生的思维触发点。在本课教学中，我通过《十天十夜火神山医院的建设》、"湖北抗疫成本"、"2020 年我国 GDP 总量和人均 GDP"、"CT 等核心技术依赖进口"等时政新闻的呈现，触发学生思考我们在短时间内控制住疫情的原因，在潜移默化中激发学生对什么是富强、我们是否已经实现了富强目标以及新时代如何将富强目标转化为现实行动等问题的价值思考。

2. 序列议题设计，构建"价值链"

议题设计序列化就是议题设计要遵循由浅入深、由表及里的递进原则，设计出符合学生思维习惯和心理发展规律的系列议题，促进价值观的生成和落地。在本课中，我以"富强"为主题，设计了序列化的议题，从"议题描述——什么是富强？"到"议题思辨——你认为当前我们已经实现富强目标了吗？"，再到"议题决策——新时代如何将富强目标转化为现实行动？"，这样层层递进的序列化议题，不仅激发了学生的思维活力，而且让学生在思考、分析和讨论中厘清了知识结构，形成了自己的价值判断和价值选择路径，在家国担当的底色和民富国强的探索中感知富强之意与富强之不易。

3. 虚实情境实践，筑牢"价值观"

学生在课堂思维活动中生成的情感体验和价值导向是即兴的、暂时的，因此应及时通过社会实践去落实，巩固已取得的价值观教育成果。在本课教学中，我将教学分为课堂思维活动和课后实践活动两个层面，课堂上组织学生进行自主思考、讨论和辨析等思维活动，鼓励学生分工合作、讨论交流，课后布置任务让学生实地走访体验"扶贫干部的一天"，将角色模拟和社会实践活动相结合，及时将学生课堂上形成的思维惯性和情感体验升华为实践内容和价值认同，通过理论联系实际，主观和客观、知和行的具体的统一，筑牢学生的"富强"价值观。

（温州市第二十一中学　朱丽娟）

活动育人篇

　　活动育人是要精心设计并组织开展主题明确、内容丰富、形式多样、吸引力强的教育活动，以鲜明正确的价值导向引导学生，促进学生对社会主义核心价值观的体验与认同。活动载体可以是节日纪念活动、仪式教育活动、校园节（会）活动、班会活动、团（队）活动、学生会活动和拓展活动等，但要把社会主义核心价值观教育融入其中，不仅要有自觉的价值观教育意识，也要深入地去探索有效的方法和原则。

　　本章6个价值观教育案例，针对学生日常学习生活中对公正、诚信、文明等价值原则的实践困惑与偏差问题，以学生的"知、情、意、行"为切入点、触发点、生成点，精心设计和组织活动；以班会活动、拓展活动、校园义卖活动、情境表演活动、微电影拍摄活动等方式，引导学生体验价值情感、学会价值判断、明晰价值意愿、尝试价值实践。这其中还包含了老师们在活动育人中如何坚持学生主体性、尊重成长过程性、丰厚活动体验性、渗透价值引导性等原则或问题上所展现的实践智慧。

"小题大做"，让责任担当"看得见"

背　景

　　一次课间，小安捂着腿默默流泪，询问后得知是班中一个较为淘气的孩子在走廊里横冲直撞，将其撞伤。我找到"肇事者"的时候，他还在奋力追逐他的同伴。

　　"她被你撞伤了，你知道吗？"我指指旁边还未止住眼泪的小安。未曾想，那个孩子一脸疑惑，虽有些胆怯，但还是义正词严地和我说："我知道，可是我都已经说过对不起了啊！"小安听后竟然点点头，说："嗯，他说了的。就是我还很疼，所以才忍不住哭。"我一愣，从什么时候开始，"对不起"成了"万能挡箭牌"，从什么时候开始，说了"对不起"就一定能"没关系"？

　　我突然发现，孩子说完"对不起"就走，或者在追究责任时理直气壮地说"我都已经说对不起了"这样的情况在校园和班级生活中屡屡发生。"犯错后只要说声'对不起'，就会得到'没关系'"的认识似乎让孩子们以为无论做错了什么，只要说一句"对不起"就没事了，不用承担责任，也不用改正错误。

过　程

　　为了让孩子们了解"对不起"背后的"责任担当"，树立正确的价值观，我决定以说"对不起"为切入口进行一次"小题大做"的活动，在现执教的四年级及时开展全面的主题教育活动，培养学生的"责任担当"意识。

一份调查数据，引发自我反省

　　为了更加全面深入地了解学生的实际问题，知晓孩子当前的价值观，制定有针对性的解决措施。在开展活动前，我在班级围绕"我对班级中的谁说过'对不起'"，"为什么说'对不起'"，"是否取得原谅"三个板块，请学生回忆一个或多个真实事例，开展了一次问卷调查（见表2.1）。

表2.1　问卷调查

我对班级中的谁说过"对不起"	为什么说"对不起"	是否取得原谅

　　调查结果显示：全班学生都对他人说过"对不起"，其中60%的学生是因为碰掉了橡皮、水杯或者排队不小心踩到他人等无意之举；21%的学生是因为嘲笑别人、取绰号、弄坏了他人东西等造成一定伤害的事件；剩下的还有失约、逃避值日、影响他人上课等其他原因，其中无意之举通常取得了原谅，后两种事例中有42%的学生未取得原谅。一次调查，让许多学生认识到了，自己以往可能不经意地说"对不起"之事，曾经深深地伤害了别人，而且自己还一直未得到原谅。这个调查结果让孩子们开始反省自己。一句小小

的"对不起"背后，其实还隐藏了很多孩子们面临的、尚未得到正确解决的问题，这同样反映出我们教师在教育孩子时未触及的部分。

一次角色代入，初悟责任担当

在本节班会开展之前，恰逢校辅导员在晨会上重点提倡文明礼仪校园，提醒孩子课间靠右慢行，文明休息。因此，我结合校园行为规范要求，在班会中设计了以下两个情境演绎。

演绎一：我以学生身边每天都会发生的实例做引，先录制了几个视频。以视频 1（内容：小华没靠右走，只顾自己疾跑撞到了小龙，小龙痛苦哭泣……）里的事件引出话题——做错了事要说"对不起"；再衔接视频 2（内容：小华只是回头不耐烦地说了"对不起"就又跑了。），引出对道歉方式的交流讨论。孩子们知道撞了人需要道歉，但是如何说"对不起"才能表达真实歉意，却是孩子们容易浅思、漏思的。我通过追问"如果你听到这样的'对不起'？会是什么心情？"让孩子们由己及人，结合切身体验，说出"生气、不舒服、不想原谅"等真实情绪，换位思考，引发孩子们对如何说"对不起"的自我反思，如"我是否道歉诚恳？"，"是否也是如此敷衍让对方感受不到诚意？"。

演绎二：我以"教小华说'对不起'"为情境，让学生角色代入现场进行行为模拟，并从语气、态度、动作上正面引导，让孩子们逐步意识到，勇于承认错误并以真诚的言行求取原谅，实际上是责任担当意识的一种体现。有了代入体验后，我再引导孩子们回忆自己"在班级里也有过类似这样，道歉后被原谅（或不被原谅）的事情吗？以后应该如何做到真诚的道歉和弥补错误？"。就这样，从虚拟到现实，从他人到自身，孩子们初步感受到看似简单地说"对不起"行为背后对应的责任担当。

一番感同身受，践行责任担当

诚然，有时候光说"对不起"是不够的，很多时候孩子们的无心或冲动之失造成的影响远大于他们的"以为"。为了让孩子们更好地感同身受，我特意收集了一些受伤者的照片，将孩子们"想不到"的场景直观地呈现出来，并让孩子们进行模拟。

如在右手曲折不触碰、单脚站立等姿势下，尝试做打开书包拿书翻页、开笔袋拿笔写字、整理书包、打开抽屉等日常动作。当孩子们在活动中真实感受到"不方便、手酸、动作慢"等困难和"烦躁、很急、生气"等心情时，其效果不言而喻。

接着，我又适时播放了事先准备好的"被摔坏了最心爱的笔"，"生日聚会遭好友爽约"，"因一人贪玩致使班级扣分"等事件主人公的内心独白录音。人都是由己及人的。一番感同身受，孩子们真切体验到自己的过失行为给他人的学习与生活造成的诸多不便，以及伴随而来的内心烦恼与困惑后，便自然而然地想到了自己要承担怎样的责任，从而产生努力去弥补的愿望。比如，马上就有孩子提出"赔一支新笔，下次控制火气"，"补一个礼物，逗他开心，保证下次生日的时候一定到"，"重新参加值日，罚值日，承诺下次好好做值日"等。

一次行动计划，记录成长变化

会说"对不起"，让"对不起"看得到，看似圆满地落实了目标，实则不然。只是情感体验或思想认识上初步感悟到说"对不起"背后的责任担当，显然还是不够的。内化于心的同时还要趁热打铁，引导孩子们外化于行。因为没有"行"的巩固，再深切的"知"或"情"都可能随风而逝。

班级调查中也有许多就算言行补救也得不到原谅的例子，生活中很多过失也是难以弥补的。所以，我们还要让孩子们明白，失去和不被原谅也可能是要承担的后果之一，要懂得从源头上防止过失的发生。

所以在本次班会结束时，我布置了一个小任务，以记录和评价的方式让学生的"小改变"呈现出来，并准备以后把这个小任务转化为学生的德育常规动作，不时加以"浇灌"。

- 记录行为，补充我的"错行集"（见表 2.2），践行"对不起"。
- 一月一评，小组展示、交流表格，组员在弥补方法上进行补充和评价。
- 说说我的变化，评出"反思小能手"和"成长小标兵"。

表 2.2　我的"错行集"

对谁说"对不起"	为什么说"对不起"	我是怎么做的	是否取得原谅	反思：怎样避免再次发生	自我评价
					☆ ☆ ☆
					☆ ☆ ☆
					☆ ☆ ☆
					☆ ☆ ☆
我的收获和改变					

反　思

本次活动抓住不起眼的"对不起"现象，结合学生实际，以主题活动为载体，从知、情、意、行几方面引导学生感悟事件背后的责任担当。从价值观教育的角度看，责任担当是一种重要的价值原则或价值取向。本次经历让我对如何开展价值观教育有了新经验、新感悟。

1. 小调查，"看见"责任担当问题

一句熟悉得不能再熟悉的"对不起"，却隐藏了很多孩子的委屈与困惑。一件小小的事情，以及随后的小调查，引发我看见日常教育工作中被忽视的部分，那就是对学生行为背后价值观引导的严重不足。同样，这样的小调查也引发了学生的思考，使他们意识到一句"对不起"并非只是一种礼貌用语，而有着因自己的过失所应承担的责任。那么，在我们的校园生活中，类似的小事件是否还有很多？类似的小调查是否也能揭示更多的教育空白？而这个空白可能就是中小学一直以来对价值观教育领域的忽视造成的。在此意义上，我们每个教育工作者，是否都应该感受到学生价值观教育问题上的责任担当呢？

2. 小探究，"看见"责任担当原则

本案例中，我并没有因为自己意识到了"对不起"背后的责任担当，就对学生大讲特讲责任担当的重要性。相反，我更愿意通过情景剧、视频、照片呈现，以演一演、玩一玩等多种形式，引导孩子们基于自身的思维感官，作真实的价值认知、价值理解、价值判断或价值抉择。我更希望孩子们在自身感受、同伴交流和真实的活动体验中去发现价值问题，寻找价值问题存在的原因，并思考解决问题的方法。我在孩子已有的价值观基础上牵引出他们所"想不到"的，并在此冲突点上做探究，从而透过"说对不起"的行为现象，真正"看见"日常生活中"对他人造成伤害需要承担责任"这个更重要的价值原则。

3. 小记录，"看见"责任担当实践

对个体来说，价值观是一种内心尺度，其复杂性并不容易被清晰"看见"。但对一个社会、国家来说，价值观也是一种公共尺度，一种价值共识。所以价值观教育在本质上是引导个体在价值判断时，愿意以某种价值共识或公共尺度作为自己的内心尺度。这在具体的教育活动中，就可以表现为引导学生学会记录和反省自己的行为与价值观，学会以某种价值标准来衡量和指导自己的行为。所以，在本案例最后，我给学生布置小任务，引导他们记录和反省，并组织常态的"反思小能手"和"成长小标兵"评选活动，让孩子们在实践中"看见"价值观，看见自己的改变与进步。

（温州市仰义第一小学　施晓敏）

"四重奏" 演绎诚信观

背 景

在初二开学初的某次英语考试中，小滢不断偷瞄抽屉里的英语书时被老师发现，英语老师将她送到我面前。在我问小滢为什么这么做时，她一脸不开心地说："又不是只有我一个人这么做，很多人都是这样做的！是我运气太差了，给抓个正着！"听到她这么说，我非常震惊。诚信本是一种基本的道德品质，但是现在不仅不止一个学生在考试中有作弊行为，而且学生在被发现之后还理直气壮、毫无羞惭之意。这让我意识到学生们的"诚信"价值观出现了很大的问题。

过 程

诚信是社会主义核心价值观之一，也是我国传统道德范畴，泛指待人处事真诚、讲信用，一诺千金等。为了让学生们树立正确的诚信观，我从价值观的认识、理解、判断、引领四个步骤出发，设计了以下一系列教育活动，希望从本质上重组学生的诚信价值体系，使他们成为能够自我约束的、讲诚信的人！

诚信主题班会：基于"诚信"价值观的认识

想要培养学生的价值观，第一步要让学生对这个价值观有所认识，如果学生对这个价值观一无所知，又谈何培养呢？因此，我设计了一节主题为"认识诚信"的班会课。

环节一：关于班级学生考试作弊的讨论

在班会的开始，我在PPT上展示了学生（姓名已隐去）在考试中的作弊事件，及其被发现后的辩解。我针对这个事件对学生不断提问，重点引导学生们讨论"考试作弊行为是对还是错？"和"别人在考试中作弊，自己是否也可以跟着作弊？"这两个问题。对前一个问题，学生一致认为"作弊是错误的行为"，对于后一个问题，大家有了争议，有人谈到公平，有人谈到诚信。通过各抒己见，学生对作弊事件有了更深入的理解，价值观问题在争论中被显化出来。结合学生的讨论，我再次引导学生思考，作弊行为的本质是诚信问题还是公平问题？最后，学生们终于达成共识，认为作弊行为在根本上还是属于诚信问题。

环节二：到底什么是诚信呢？

既然确认了诚信问题，我进一步向学生提问，那么到底什么是诚信呢？你是怎么理解的？学生们的回答各式各样，在无法统一的情况下，我请班长来到电脑前进行搜索，综合搜索到的结论和学生们的想法，我跟学生一起了解到诚信包含两个方面：一是指为人处世真诚诚实、尊重事实、实事求是；二是指信守承诺。这两个方面正好对应了我们之前对"考试作弊行为是对还是错？"以及"别人在考试中作弊，自己是否也可以跟着作弊？"这两个问题的讨论。"作弊行为"显然是学习中不能实事求是的表现，"跟着作弊"其实是不能信守承诺的表现。

在明白了诚信的定义以后，我请大家用自己的慧眼去发现班级中的那些

"小诚信"。学生们非常踊跃地发言，被夸的孩子都腼腆地笑了。这个环节首先让学生明白了什么是诚信，其次通过榜样作用强化诚信这一概念，最后让正能量在班级中蔓延开来。

环节三：签订《诚信承诺书》

在这个环节中，我拿出提前打印好的《诚信承诺书》（见图 2.1），提议让班级中愿意签《诚信承诺书》的学生去签字。在班级的积极氛围和同伴的

诚信承诺书

作为鲲鹏11班的一员，我郑重做出以下承诺。

一、学习诚信：态度端正，严谨求实

努力学习，刻苦钻研；不迟到，不早退，不旷课；不抄袭他人作业，不剽窃他人学习成果，学习上不弄虚作假，遵守考试纪律，自觉抵制各种考试违纪行为。

二、经济诚信：以信立人，履约践诺

借用他人财物及时归还，不欺骗家长，不恶意拖欠他人费用，不弄虚作假骗取各类困难补助；不强行索要、偷窃、诈骗他人财物。

三、生活诚信：遵纪守法，弘扬正气

遵守国家法律法规和社会公德；不欺骗他人；不恶意损坏学校公共财物，爱护公共环境；遵守学校各项管理制度，不打架、不赌博、不酗酒，不参与其他扰乱学校教育教学秩序、损害学校名誉的行为。

四、诚信上网：知行统一，自省自律

不通过短信、互联网编造与传播带有迷信、色情、反动内容的各类非法信息；不在互联网上诋毁谩骂他人；不盗用他人账号与密码、窃取和泄露他人隐私。

五、遵守中学生守则，严以遵规

自觉践行社会主义核心价值观：

国家——富强、民主、文明、和谐，

社会——自由、平等、公正、法治，

公民——爱国、敬业、诚信、友善。

为将自己塑造成诚实守信的新时代青少年，我将按照以上承诺严格要求自己，自觉接受他人监督。

承诺人：

年　　月　　日

图 2.1　诚信承诺书

影响下，每个学生都签了字。我将这份《诚信承诺书》贴到了班级的展示墙上，提醒学生们看到即做到，要时时将诚信放在心间。

在这次主题班会中，我从一件班级突发事件出发，步步引领，带着学生重新去认识和领悟诚信，纠正了学生有偏差的诚信观，并让学生最终签下《诚信承诺书》。

共写班级《诚信公约》： 基于"诚信"价值观的理解

主题班会之后，学生们对诚信有了的新的认识，也明白了诚信的重要性，但是我在之后的观察中发现，许多学生虽然知道诚信，但是在行为上依旧不能做到诚信。于是我提议让学生们一起为班级书写《诚信公约》(见图 2.2)，希望借此让学生理解和体会到底该怎么做到讲诚信。

学生们听闻要让他们自己建立班级《诚信公约》，参与积极性很高，但大家的想法却五花八门。为了能够建立让大家都信服的《诚信公约》，我提议大家先一起进行主题为"到底怎么做才能成为一个讲诚信的人？"的讨论。大家各抒己见，我总结或者补充大家的想法，最后得出了如下结论。一个讲诚信的人会从以下三个方面要求自己。

第一个方面：在语言上，要言而有信。在答应别人之前，就要做好守约、尽力做好一切的准备，否则不要轻易许诺，最后造成不了了之的结果。

第二个方面：在思想上，要有一份清净的心，无论遇到什么样的困难，都要坦诚自己的心，与对方达到心与心的交流、融合，这样即使中途遇到困难，对方感受到的依然是你的真诚。

第三个方面：在行为上，要与所想的、所说的保持一致，不偏离自己的初心，做到言行一致、端庄稳重。

诚信公约

学习诚信

● 上课不迟到、不早退、不无故旷课，不以非正当理由向老师请假。

● 有急事请事假，生病请病假，诚实自律。

● 上课遵守课堂纪律，认真听讲，做好笔记，高效听课。

● 课后认真总结复习，有疑必问，有问必答，独立完成作业，决不抄袭。

● 遵守考场纪律，积极思考，认真答卷，不交头接耳，杜绝考试违纪。

● 学习有目标、有计划，用诚实守信的劳动取得优良的成绩。

● 遵守图书室规定，借阅图书认真保护，不故意损坏，用完按时归还。

生活诚信

➢ 养成良好个人习惯，不随地吐痰，不乱扔垃圾，爱护公共设施。

➢ 保持教室和个人卫生，认真值日，积极主动打扫教室卫生。

➢ 遵守学校管理制度，对学校安全负责。

➢ 谦逊待人，真诚帮助有困难的同学，搞好团结。

➢ 借别人的钱物，及时归还，诚实守信，树立个人良好信誉。

组织思想诚信

◇ 积极参加班会、队日活动，坦诚发表自己的意见。

◇ 积极参加学校组织的各种文体活动，不弄虚作假，不搞不正当竞争。

◇ 积极参加献爱心活动，根据个人实际情况参加义务劳动、义捐活动。

图 2.2 诚信公约

得到以上结论之后，我与学生们就《诚信公约》的具体条目再次进行讨论，最终我们得到了让大家都满意的《诚信公约》。事后，我将《诚信公约》做成大的 KT 板并悬挂在墙上，时时提醒学生要做到讲诚信的自我约束。

走进陈翁记豆腐脑店：
基于"诚信"价值观的判断

陈翁记豆腐脑店（简称陈翁记）是温州一家非常有名的店，这家店出名不仅是因为好味道，更是因为其 26 年来结账顾客说了算的传统。通常，我们在餐厅或者小吃店就餐结账时，都要跟服务员或者老板对一下账。然而，这家豆腐脑店却不同，每次结账都是顾客说了算，顾客报多少，老板收多少。26 年了，铁律不变。我与学生提起这家店，学生们都很感兴趣，并好奇这种经营方式，于是在一个周末，我带着学生们真正走进这家店吃豆腐脑，来一探究竟！

学生在现场看到，几乎每个来此消费的顾客在吃完之后，都自觉清点一下桌子上的碗以及用于串豆腐干或者香肠的竹签，然后去结账。

在采访了几位顾客后，学生得知顾客们都不仅喜欢这里的豆腐脑，同样喜欢这样的结账方式，店家与顾客双方能互相信任，这样才算真正做到诚信消费和诚信经营。

在陈翁记，学生们不仅吃到了甜丝丝的豆腐脑，而且感受到其独特的经营方式。在此之前，学生们觉得诚信是为人之道，是相处之道，而在陈翁记的体验让学生体会到诚信更是成功之道。

推选鲲鹏班"诚信之星":基于"诚信"价值观的引领

从陈翁记回来之后,许多孩子都发表了自己关于"诚信"价值观的想法与体会,还有学生自发地提议在班级中推选感动鲲鹏班的"诚信之星"。我一听就觉得这个"诚信之星"的评选建议很好,不仅可以帮助学生更加完善个人"诚信"价值观体系,更能帮助班级营造一股良好的诚信风气。

为了评选"诚信之星",我制定了"诚信之星"评选流程,首先是为期半个月的学生匿名推选,每个学生都有资格推选自己心目中的"诚信之星",但是推选时必须附上和诚信有关的理由或故事。推选结束后,我们在班级中进行了投票选拔和公开透明化唱票,最终我们选出班级的"诚信之星"并举行了"诚信之星"颁奖典礼。选出"诚信之星"后,我提议为"诚信之星"绘制个人专属黑板报。为了强化"诚信之星"的模范作用,并且鼓励学生都努力成为"诚信之星",我规定"诚信之星"评选活动在每个月月初开展,让"诚信之星"评选活动成为班级常态活动。

无论是选上"诚信之星"时的无上光荣,还是个人专属黑板报的超级待遇,都不断强化了诚信在学生心目中的重要性,也让学生自发地向"诚信之星"看齐,一时之间班级中一股诚信之风蔚然兴起。而在这股诚信之风的影响下,更多的学生努力约束自己,使自己成为讲诚信的人。

通过最后这个活动,我完成了对学生"诚信"价值观的引领,让学生在脑海中形成相对完整的"诚信"价值观体系,并能够在日常生活中自发地以"诚信"价值观的标准要求自己,主动去做一个诚信的人。

反 思

这个学期中，我一方面引导班里的 42 个学生重新认识诚信、理解诚信，进而自发地去成为讲诚信的人，另一方面，我自己也对社会主义核心价值观教育的落实产生了新的认识。

1. 价值观培养的重要性

作为教师，我经常从书籍或者网络上看到学生的价值观培养有多么重要，但是却甚少去真正地体会。而在这一次的教育活动之前，学生的诚信观缺失、经常不讲诚信而不自知甚至扬扬得意的现状深深刺痛了我，如果学生带着这样的人生观走进社会，后果可想而知。通过我的正确引导和教育，学生们都开始从不讲诚信走向讲诚信，基本上都能在日常生活中做到诚信的自我约束，大大地改变了班级的诚信氛围。这让我深刻地理解了价值观培养的重要性和必要性，以及价值观培养的刻不容缓！

2. 价值观培养的科学性

在此次教育活动之前，我总是跟自己说"我要做有温度的教育"，虽然这想法没错，但是我渐渐发现，有温度的教育能温暖学生，却不一定能改变学生。真正成功的教育都是科学的，都是理论与实际相结合的，并且是有思想高度的。

在这一次的价值观培养中，我首先明确了自己的教育目标，防止自己做盲目的教育，其次我请教了我的师父，并从师父那里得知了价值观教育的四个步骤，进而我根据价值观培养的四个步骤组织活动，每次活动之后我又有新的反思和改进，最终完成了对学生诚信观的引领。在整个过程中，我还不断从多角度观察学生，并多次利用"集体影响个人""榜样作用"等强化我的教育目的。正因为这次的教育活动是科学的、有依据的，所以我在整个过程中不慌不忙、不断推进，最终达成目标。而这也给我一个启示：科学性是保证价值观教育成功的第一要素！

3. 价值观培养的时效性

价值观的教育需要针对学生每个时期的心理特点来进行。就诚信这一价值观来说，在初二阶段，我们针对的问题多在学生与人交往、处事原则等方面，但是随着学生们进入青春期，很多学生会越发叛逆，进而可能会喜欢与世俗常规对着干。那么如何让学生平复自己内心的躁动，在平稳和谐地度过叛逆期的同时更加强化诚信这一行为理念，进而使学生成为更加诚信的人，就需要我们的教育方式做出相应的改变，这样才能使我们的教育一直保持有效性。所以，价值观培养无法一劳永逸。随着学生们的心理阶段的发展，不同的心理特征的出现，我们还要在后续的时间里不断地思考、调整思路，使价值观教育能够更加贴近现阶段的学生。

4. 价值观培养的整体性

在我以往的价值观教育中，我总是强调学生应该成为一个怎样的人，有时忽略了环境对学生的影响程度。但是在这次的"诚信"价值观教育当中，我深刻地体会到，唯有一个诚信的班级环境，才能真的成就每一个诚信的学生。所以，在完成价值观的认识和理解之后，在判断和引导阶段，需要进一步加强对班级环境的价值观塑造。

我用了比较长的时间去培养学生的诚信观，但我知道这还是远远不够的。正确的价值观体系中不仅仅有诚信，还有许多其他的美好品质。希望我能在学生接下来的初中生涯里，在不断强化学生诚信观的同时，培养学生其他优秀的价值观，使学生们成为新时代的好青年！

（温州市第二中学　王梓窈）

"网红"怎么红？

背　景

　　刘济良教授在《青少年价值观教育新视阈》一书中描述了如下现象：进入 21 世纪后，越来越多的青少年在"炫耀性消费"和"示范性消费"的视觉文化中迷失价值评判标准。他们不再遵循中华传统美德所教诲的勤奋刻苦，而是推崇一夜成名。这在某种程度上折射出当下青少年拜金主义和享乐主义的人生价值观，在关于人生价值观即人如何生存、生活这个大问题上亟待引领。

　　我所带的体校高中生，平时训练极为艰苦，很多人在高强度的训练生活中耐不住寂寞，比如在最近刮起的一股网红风中，他们迷恋上抖音、快手等短视频平台，萌生出不想训练、早点到社会上当网红赚大钱的想法，且其中不乏一些极有运动天分的运动员。为了扭转他们这种狭隘和功利化的人生价值观，我尝试从坚持了近一年的影视德育课程出发，围绕一部微电影让学生感知"守正出新"，即网红要"这样"红，正面肯定新时代背景下青少年的人生新愿景，也从行动中引导他们要拥有更正确的人生观，即通过自身长期的拼搏努力，不断实现自身价值，追求一种奋斗的、卓越的、有意义的人生价值观！

过　程

体育生爱看电影，基于影视的价值观教育是契合学生内心的教育方式。一些优秀的影视资源特别适合带领学生在感知中澄清自身的价值观，进而达到德育的内化，"润物细无声"！从以上的现象及背后的问题出发，我设计了基于影视的主题班会课。

活动一：观看微电影《月神》
探讨小男孩的传承 VS 创新

这节课刚开始，我让学生观看一个 8 分钟的微电影《月神》。它讲述了一个家族的传承与改变。年老的爷爷、壮年的父亲、年少的男孩一起传承着这个家族的使命——清扫月亮里的星星。影片中有两个经典的画面。

画面一：爷爷和父亲在如何戴帽子的问题上各有争执，父亲认为男孩应该将帽檐压低，而爷爷却喜欢男孩将帽檐抬高。

画面二：天上的一颗大流星滑落，爷爷和父亲感到惊讶，他们没有任何经验来处理。他们尝试用自己常用的工具，爷爷的扫把，父亲的刷子，都无法清扫。这时，小男孩找来锤子，勇敢地爬上巨型星星的顶部后，把帽檐一转，锤子一敲，问题迎刃而解。

观看影片后，我通过"影片中让你印象最深刻的画面是什么"引出这些桥段，让学生讨论小男孩最棒的地方在哪里？

生 1：他非常勇敢，遇到大星星也不害怕。

生 2：他很有创意，会想到用锤子，这是我们观众想不到的。

生 3：这个小男孩坚持了自己独特的想法，本来爷爷和父亲是想让他用扫把和刷子的。

我又顺势引导"这个影片告诉我们这一家人在扫星星这件事上变与不变的是什么呢?"。

他们在激烈的讨论中总结出了"使命的传承与过程的创新"为这个影片的主题。而我进一步点拨,"守正出新"才是新时代的接班人如何传承创新的正解。

活动二: 揭开神秘面纱 辨析现实中的真实网红

我又紧接着问他们如果说把你的人生目标比作闪闪发亮的大星星,你要用什么工具去获得?是爷爷的"扫把",父亲的"刷子",还是你也有自己的"锤子"?最近老师发现你们对网红这个新兴职业很感兴趣,那么对于这个通往自己人生大道的谋生手段我们应该怎么看待,网红的存在有什么意义?网红需要专业性吗?网红需要如何奋斗?他们的蹿红是轻而易举的吗?网红现象中我们如何守正出新?带着这些问题学生们进入了本次班会课的正题。

我给他们同时展现了几则热门新闻:(1)快手平台教育类短视频数量累计超2亿,有近两百多万平台用户成为教育付费的受益者。(2)一些政府官员带货直播把一些滞销的新鲜农货快速销售出去。(3)在杭州,个别网红被定义为"新零售人才",作为高级人才享受政府补贴。(4)西班牙某大学开设网红专业,他们需要修类似大众心理学等多种多样的课程。

学生展开了激烈的探讨,给出了以下看法。

小组1:当网红也需要刻苦努力,并不是不劳而获。它的创新在于面对这个新的世界,网红模式非常符合时代的需求。其实网红类似于服务行业,最起码要练就过人的口才。

小组2:网红需要过硬的本领,拥有几百万粉丝的网红肯定有过人之处,这和长辈跟我们说的要好好学习并不冲突。创新之处在于使用的工具不一样，就像电影中的"锤子"，就是新时代的互联网。

小组 3：网红也有他们积极的一面，假如他们要宣扬好的东西，类似一些知识，这是传承，而他们可以很快传播给更多用户，这是创新。从这个角度讲，网红的工作是有意义的，传递正能量，为他人排忧解难，比如新闻中为民直播带货的官员。

在小组讨论中，我刻意让他们将平时喜欢看的一些哗众取宠的网红和上述新闻中的网红做对比，去突破他们的认知局限，其实生活中还有一些他们没有看见的网红。从解读网红的这一工种到解析其职业价值意义，从正面肯定想成为新时代网红的人生观没有问题，只是这个内核如何打造，即"什么样的红"大家要拨乱反正！

活动三：回归自身处境
打造属于体育生的独特网红梦

经过上面两个环节，学生从认知和情感上对"网红现象"有了自己正确的理解和评价。最后，我让他们根据平台的视频类别创想未来："如果让你开设一个属于自己的短视频平台账号，结合你自己的优势，你打算成为怎么样的网红呢？你需要储备哪些方面的硬性条件和内在实力？"我让学生在纸上写下来，并在全班分享，他们探讨活跃，讨论结果见表 2.3。

表 2.3　成为网红需要储备的特长及能力

	特长	平台展示	能力储备
1	跆拳道	跆拳道如何学习	跆拳道等级证书，跆拳道技术
2	健身	体能训练	营养学，运动训练学
3	太极拳	养生之道	武术等级证书等，国学
4	健身	如何健身、瘦身	营养学，健身知识

这节课在愉悦的讨论声中结束了。学生说没有想到我给出的答案是鼓励他们成为网红，觉得这个老师还不是很古板。而我顺势布置了这样一个作业：基于课上的讨论，每个学生尝试通过短视频平台创建自己的个人账号并发布第一条信息，同学们相互观赏点赞。在这个自我选择、自我行动的过程中，他们小试了一把牛刀，也让班级每个学生都了解到不同队别之间非常出彩的一面。之后的三年内，我鼓励他们将自己所学的体育专项里的技术边学边做成系列视频，让更多热爱这些专项的体育人获益，让"体育让生活更美好"的口号惠及更多在新时代中拼搏的社会人士！而这个系列视频可以引领他们不断地精进自己的专项，在奋斗中成为卓越的运动员，更有能力为社会造福，从而收获有意义、有价值的人生！我想，互联网时代可以将优质内容借助网络平台宣扬出去，他们一定有希望成为新时代"网红"中的一道亮丽的风景线！回归到电影本身，我和他们说，爷爷的时代很美好，爸爸的时代也不错，小男孩的时代也一定会如电影中的星星那般璀璨，祝愿他们都在美好的时代追求美好的人生！

反　思

从学生"我要当网红，可不可以？"的问题出发，带着对电影的解析，笔者带领学生在主题班会中展开对"网红的存在有什么意义？网红需要专业性吗？网红需要如何奋斗？"等一系列问题的追问，在深度思辨和价值判断中，学生透过当下社会现象学会思考背后不变的核心问题"我要过怎样的人生，我得为此做怎样的努力？"。

古希腊哲学家苏格拉底认为，未经省察的人生是不值得过的。作为教育者，在面对如何引导学生踏上正确的人生道路时，我们更要慎重。本节课源于生活中的一个普通场景，影片和对话促成了学生对"网红"背后价值的正确辨析。笔者认为这样的课堂模式更加适合提升体校生的德育实效。

1. 教育内容更加生动有趣

5G 时代的到来，类似网红的视觉文化将青少年置于一个由图像和影像建构起来的全新、多元、复杂的世界。面对这个充满生活每个角落的新事物，作为教师不应该只想到堵的方式，而应该主动采纳其中优质的视觉文化产物如影视作品对学生进行教导。本节课通过学生们喜闻乐见的方式，从对他们感兴趣的网红现象的辨析着手，大大提高了他们对价值观探讨的积极性，使得对他们的正确三观的引导可以水到渠成。

2. 教育方法更加科学有效

针对网红现象，他们人人有话可说，有自己的视角。我让师生和生生之间产生关于影片和话题的对话，小组之间合作探讨，最后发散思维对未来进行创想。教师基于微电影开展关于"传承与创新"的主题活动，学生对社会热点有了自己全新的理解，逐步培养了评价价值观的能力。

3. 教育机制更加新颖多元

本节课是体校影视德育课程的案例之一。影视德育课堂始于学生的一些典型的德育问题，展开一系列相关的优质电影赏析，再到撰写并分享读后感、电影沙龙、角色体验、辩论赛等形式，让学生的价值观选择能力和判断能力在知、行、意中层层改进，构建活动育人、课程育人的新型德育模式。

在变化莫测的未来世界里，我们作为教师，能做的唯有教会学生面对纷繁复杂的多元价值时有正确的价值判断和追求，以不变应万变，成为真正能面向未来的人！

（温州市九山学校　孔丽娟）

从义卖活动"好玩"说起

每年的 12 月 31 日，我们温州市广场路小学都会如期举行一年一度的"庆元旦，迎新年"爱心义卖活动。届时，全体同学会将从家里带来的物品放在本班铺位上售卖。各班得到的善款由学校统一寄给与我校结对的泰顺山区的贫困孩子，为他们送温暖送爱心，帮助他们购买学习用品和书籍。

学校坚持开展爱心义卖活动的教育宗旨是：引导学生懂得奉献、关爱他人、感恩回报、团结友善，让价值观教育落小、落实、落细。

12 月 11 日，学校在晨会上布置了"我的义卖我做主"主题活动，各班开始准备工作。课间，我又无意间听到班级里几个同学在聊天：

"义卖当天，就是去玩玩的！"

"我把义卖的东西带过来，我就可以去买东西吃了！"

"对呀，那天中午千万不要吃饭，不然义卖时就吃不进去更多好吃的东西了。"

"我得想想带多少钱，买好看好玩的东西。"

"我最喜欢义卖了，就像逛超级市场一样，吃喝玩乐样样俱全。"

原来，在部分学生的观念中，义卖只是个"好玩"的事。看来，我班学生对学校举行义卖活动的目的和意义在思想认识上确实还存在一些误区与不足。学校每年精心组织的"义卖"活动，显然不只是让学生觉得"好玩"，而是有着明确的育人目的。我该怎样让我班级的学生认识到这是一场正能量、温暖而有爱的活动，并能在实践中真正获取到友善、关爱这样一些价值体验呢？我觉得自己很有必要对本班学生如何参与学校"义卖"活动做好设计与引导了。

过　程

义卖发动：澄清活动目的

现在，城市孩子的成长环境都相对优裕，很多东西都可以轻易获得，对"贫穷"少有真切的感受。因此，我主动联系学校在泰顺县扶贫支教的杨老师，让他把那里孩子们的生活条件和学习状况拍下来。我把拍摄素材制作成短视频并在班会课上播放。学生通过直观画面看到：在遥远的山区里，有一群和他们一样在学校学习的孩子，但是成长环境却截然不同，简陋的教室、破旧的衣服，并且他们绝大多数是留守儿童，是来自穷苦家庭的孩子。

看过视频，小吴同学马上回想起来："去年，我妈妈曾经作为校家长代表，和学校德育室的曾老师、麻老师驱车 4 个多小时，把 300 双手套、100 多个书包送到罗阳村小，那里的同学可开心了。购买物品的钱就是从我们学校去年的义卖款中支出的。"

这时班长小陈接话道："前年，我们沧河校区的一位同学意外烧伤，需要大笔医疗费，我们学校也是从义卖账户中支取部分钱款，送去温暖与关怀的。这个事情，《温州晚报》有报道过，我想起来了。"

"原来，真有那么一群人需要我们的帮助。""原来他们需要的帮助很多但也可以很小，一双暖手套，一支铅笔袋，甚至是一双棉拖鞋。"在班级日记本里，有好几个同学留下了这样的心声。

孩子们终于开始意识到我们学校的义卖活动，是为了帮助一群需要帮助的人，而不只是一件"好玩"的事情。

活动过程：鼓励"尽我所能"

明白了"为什么要举行爱心义卖活动？"这个问题，我适时提出："学校的义卖活动那么有意义，我们作为学校的一分子该怎么行动起来呢？"

同学们马上积极响应。课堂讨论的气氛非常热烈。大家自然而然地想到了一起：我们要集思广益策划一场有意义的义卖活动，筹得更多善款，尽己全力，为需要帮助的人提供更多帮助。作为毕业前参加的最后一场义卖活动，我们要尽己所能，给学弟学妹们树立榜样，传递爱心。

策划组的同学根据学校要求、班级民意调查结果，向全班同学发出一份《组队书》，并在第2周的班队课上，及时公示了分组结果及每个同学的分工。人人有事做，事事有人做，孩子们的积极性都被调动起来了。

场景一

义卖当天，学校会在指定地点，给每个班级一个红色的大帐篷作为该班的店铺。布置组的大林同学和小陈同学配合，冒雨跑去门口丈量帐篷，记录数据，并根据准确的店铺面积，计算出店铺各个面可以摆放的桌子数目，同时，把各个测量数据共享给布置组及销售组的其他成员使用。

场景二

策划组和布置组经过共同讨论，最终决定：空白牛皮纸袋的手绘，一面是统一的向日葵中队班徽，另一面是自我创意设计。牛皮纸袋既可以替代彩旗作为悬挂装饰，又可以作为专属购物袋来售卖、使用。义卖前一天全班参与设计购物袋，海报组还为班级的爱心义卖精心绘制了宣传海报，让爱心接力。

场景三

销售组细化了多个销售方案：有内销的、外卖的、拍卖的、游戏组的、线上的、线下的。尤其值得介绍的是外卖分队，方案设计考虑细致，服装、路线、宣传口号、分组都是提前策划好的，当天的效果也非常好。

回顾总结：开展价值引领

元旦归来后的周一晨会上，我跟孩子们报喜："我们班级最终获得 4217 元的善款，并已经直接转入学校爱心账号，以后将在学校的统筹安排下用于帮助有需求的贫困学生。"大家一听，不约而同地啧啧惊叹："这么多？太意外了！"我继续说："由于我们班在这次活动中表现突出，潘校长刚通知我要在期末百家讲坛上分享我们班的义卖故事。现在老师也需要大家帮忙总结下，我们在这次活动中有什么值得说说的事？虽然你们要毕业了，但是明年学弟学妹们继续义卖活动时，绝对可以学习、借鉴我们的亮点。那我们的爱心就可以一直延续与传递了。"全班同学的眼睛又亮了，话匣子也打开了：

生 1："当有个小同学说要买走我设计、制作的购物袋时，我挺激动的。

想到我的创意以献爱心的方式传递出去，内心好满足，很有成就感。"

生2："我发现我的同桌也不是个令人讨厌的男孩子，那天帮我搬货架，来来回回好几次，他都没生气，还一直乐呵呵的。"

生3："我很意外，当我作为最后一批学生回教室时，我的被搬到楼下的桌椅居然整整齐齐地摆着，往年我找桌椅还得找个好一会儿，看来是早到教室的同学帮忙收拾归位了，那一刻我的心暖暖的。"

生4："你们知道吗？就因为义卖那天我太卖力了，嗓子都哑了，周末在家休息了两天才恢复。"

生5："我们销售组成员实在很赞，活动结束后自发自觉地留下来帮助卫生组整理打扫场地，还说'顺手的，举手之劳！'。"

生6："我回家后在班级群里看到小陈同学居然为我们大家拍了那么多有意思的照片，太好了。大陈同学还帮忙合成班级'将爱心传递下去'的小视频，创意满满，还特别有意义。"

……

针对学生的体验感受，我也及时做了总结：在学校组织的义卖活动中，同学们对"义卖"的认识有了正确的方向。同时，"责任担当"意识在实践中得到了落实，在落实中扎根于每个同学心中。大家都竭尽所能为活动出力，努力去帮助需要帮助的人。

义卖活动虽小，但大家的心里装着满满的爱。通过这次活动，我们又一次看到了爱心的凝聚力，同学们心中的爱心、热心和关心，互相碰撞融合，散发出迷人的魅力。同学之间互相体谅、互相帮助、关爱他人、团结友善的价值品质在活动中被充分体现出来。

反　思

1. 活动认知是基础

学校义卖活动已经坚持多年，是学生心目中一年一度的盛会。就爱心义卖活动本身而言，具有明确的教育目标，是有计划有组织的教育实践，这就使得实践活动带有强烈的教育性。作为班主任，并不能因为孩子长大了就全程袖手旁观，欠缺思想教育的活动是一个空壳。尽管是六年级的孩子，尽管经历过两次义卖活动，却依旧出现了对义卖活动认识偏颇的情况。作为班主任，我们要及时捕捉教育契机，及时关注学生的思想动态。比如，在开展义卖活动的前期，班主任可以主动出击，听听学生的"意见"，找个别同学套套话，给全班学生的思想把把脉。只有思想不滑坡，活动才能有实质性收获。

2. 参与实践是关键

从活动策划前只觉得义卖活动是件"好玩"的事，不明白活动的意义，不想积极参与准备活动，到活动结束后的总结反思中，我班学生认识到这是一场正能量、温暖而有爱的活动，并能在实践中真正获得友善、关爱等价值体验。思想上的改变，是悄然的。行动上的落实，却是实实存在的。

蒙台梭利说，我听到了，但随后就忘了；我看到了，也就记得了；我做了，我就理解了。亲身实践了、感受到的才是最真实的。比如，前期的视频观看，眼睛真实地看到，心里真实地被震撼到，才会真心实意地想去帮助别人。整个义卖活动，人人捐赠物品，人人报名任务项，人人落实自己的服务工作。践行求真成于躬行的道理，让学生真正懂得奉献爱心，学会回报感恩社会。

3. 总结反思是提升

苏霍姆林斯基曾说过，教育的意图越隐蔽，越能被受教育者所接受，越能转化成受教育者对自己的内心要求。作为班主任，我往往忽视活动总结的重要作用。其实，总结反思、价值引领是活动的提升。而且总结的形式还可以多元化。比如，义卖活动后，可以进行小组合作工作总结，复盘合作中遇到的困难及解决方法；可以进行学生自我总结，谈谈活动前后对义卖活动的认识改变；老师也可以进行提升性总结等。我认为一年一次的义卖活动，只是爱的教育的一个篇章，学生对行动背后的价值认识还是有所欠缺的。作为班主任，还可以利用寒暑假时间，组织学生志愿者到现场送温暖，或者采用与贫困学校的同学结对笔谈等方式，给学生更多的参与体验，以凝聚成正向价值观。告别枯燥无趣的教育灌输，让真实的活动带给我们更多反思，让我们更懂得关爱他人，团结友善。

（温州市广场路小学　郑荃）

校园行为规范，"微"你而来

背景

　　放眼校园，在一片和谐的氛围中你依旧会发现一些不和谐的影子：教室里没有人，但灯却依旧亮着；地上丢着水果皮，很多人都看见了却没有人去捡；饭菜没吃几口就倒掉以及餐盘凌乱摆放……。这些校园不文明现象不是老师经常提醒教育的吗？老师苦口婆心地教导，而学生一转身就忘记了。这背后是文明意识的缺乏，更是责任担当意识的薄弱。校园行为规范教育依旧没有走进孩子们的心，他们只是被动的接受者。如何改变这种被动的行为规范教育的现状？如何进一步增强孩子们的文明意识，培养文明的社会小公民？

过程

　　随着互联网技术的发展，作为温州市微电影协会学生创作基地，学校成立了微影空间。孩子们在专业导师的引导下，学习电影制作的相关知识，自己制作微电影。如何通过微电影实现文明素养的落地呢？"微电影梦工场"的项目应运而生。通过项目化学习的创作方式，引导孩子们去发现身边的不文明现象，并尝试着去解决问题，学会从责任担当意识的高度，看待校园内的人与事。由此，"与文明同行"首届微电影节项目启动了。

价值引领，认识主题

1.认识主题，选择主题

首先，德育处根据"文明"主题进行首届微电影节整体的活动方案设计，要求三到五年级人人参与，班班参赛，一、二年级自愿参加。德育处结合《中小学生守则》对"文明"主题进行梳理，细化为一些小主题（见图2.3）。利用晨会启动"与文明同行"首届微电影节，并向学生介绍什么是

微电影主题列表

1.上下楼梯靠右行，排队上下有秩序。

2.中餐排队快静齐，就餐有序又安静，坚持光盘再整理。

3.上学进校问声好，放学排队要有序。

4.早晨到校自觉进教室，安静阅读不影响他人。

5.上学放学守时好，佩戴整齐重仪表。

6.与人交往要得体，文明礼仪记心上。

7.课间休息要安全，危险游戏不能玩，不跑不跳不大叫。

8.学习习惯要养成，听课效率要提高。

9.食品安全很重要，切记零食不进校。

10.站队做操快静齐，动作到位要有力。

11.学校公物人人爱，杜绝浪费和毁坏。

（不践踏草坪，不站在椅凳上，不破坏墙面整洁）

12.热爱祖国热爱集体，热爱少先队，呵护胸前红领巾。

13.美化校园靠大家，卫生保持我先行。

（不乱丢垃圾，见到垃圾弯腰捡，把垃圾放入垃圾桶）

14.诚实守信说到做到，文明礼貌随时随处。

15.热爱阅读爱护书籍，外借书籍有借有还。

16.功能教室各尽其用，仪器设施人人爱护。

图2.3　微电影主题

文明。让学生对社会主义核心价值观——"文明"有了更深入的了解，也为后续的"与文明同行"主题微电影的剧本创作打好基础。接着每个班分成若干小组。学生根据德育处的主题列表，选择小组感兴趣的小主题。用自己的"慧眼"看校园，在小组选取的这个话题上，发现校园里有哪些文明或不文明的现象，并及时记录，作为剧本创作的素材。

2.明确标准，确定脚本

学校组织专业教师团队对微电影的创作制定评价标准（见表2.4）。标准中既有对作品内容的要求，又有对拍摄技术的要求。编剧拟定脚本后，小组成员进行讨论，提出建议，优化脚本。

表2.4 微电影创作评价标准

项目	要求	自评	他评
主题	思想健康、主题鲜明、内容积极、富有童趣。		
内容	故事情节完整，既有对行为规范常见问题的艺术性复现，又包含解决的办法，引人深思，给人启迪。作品原创。		
技术性	同期声或配音声音清晰、流畅，建议配上字幕。片中要出现影片名称、微电影主题、学校及班级名称和演职人员名单等信息，具体位置不限。		
格式	采用 MPG、FLV、WMV 等视频常用格式。清晰度不低于 720×576，文件大小不超过 1.5GB。		
时长	单片时长不超过 10 分钟（片头第一帧到片尾上字幕前一帧）。		

价值驱动，体验过程

1. 技术指导，确定剧本

在确定脚本后，各科老师参与过程指导。班主任以及语文老师负责学生剧本编写上的指导。剧本的创作不仅要有校园文明事件的艺术性还原，还要有问题解决的方法和结果的呈现。面对同一事件，小组成员也许会有不同的看法，当僵持不下寻找班主任帮助时，班主任可以利用晨会、班会课组织学生进行全班的讨论辨析。

如 A 组同学观察到的小 C 在走廊奔跑撞到了小 B，原因是预备铃响了，小 C 怕上音乐课迟到，于是就快速跑向音乐教室。针对这件事情，同学们纷纷表达了自己的看法。小曹说："小 C 为了不迟到才奔跑的，情有可原。"小柯说："可是学校规定在走廊里不能奔跑。况且，他还撞到了人呢！""是呀，如果小 C 不奔跑，小 B 就不会被撞，所以小 C 奔跑是不对的。"小郑补充道。"但是如果小 C 不奔跑，他就会迟到，他会被老师批评的。"小曾争辩道。"我觉得小 C 不应该奔跑，因为学校规定课间不能奔跑就是为了我们的安全着想，如果别人奔跑时撞到我们，我们可能就会流鼻血等，后果会很严重。""是的，我也觉得小 C 不应该奔跑，如果怕迟到，可以早点出发去音乐教室，而不是等铃声响了再走。"同学们若有所思地点头表示赞同，身为班主任的我更是欣喜："刚才同学们通过讨论，明白了校园行为规范的意义，也明白了遵守校园行为规范的重要性。校园行为规范需要我们每个人去遵守，文明校园需要我们每个人去维护。"

通过讨论学生所观察到的现象，将文明意识进行渗透，让学生感知和体会近在身边的文明，再由编剧根据脚本和同学们的讨论拟定剧本初稿。小组成员提修改建议，编剧综合组内成员的建议对剧本进行修改，最后定稿。美术老师负责拍摄技术的指导，通过精彩案例的示范，引导学生学习如何用长短镜头等技术体现画面效果。音乐、信息技术老师做技术支持。

2. 协同拍摄，过程引导

在每个小组内，编剧、导演、演员、摄像等分工明确。每个学生各司其职。

在电影拍摄前，导演要思考如何拍才能凸显所选择的主题，如何对生活中的场景进行艺术性的创作（见图 2.4）。演员要入情入境，剧务要做好后勤工作。在后期制作阶段，制片人对拍摄好的片子进行剪辑、配乐、配音、字幕、特效等一系列的制作。只有每个学生做好自己的"工作"，小组成员互相帮助，才能快速地拍好微电影，使得整个片子有顺序不凌乱，给观众视听结合的效果。

图 2.4　微影空间

借助微电影的形式，让学生在观察别人行为的同时也能很好地反省自己，将行为规范教育、实践体验、反思感悟有机地结合在一起，在微电影中更好地表达自己对校园行为规范背后文明意识的理解。

价值趋同，内化意识

1. 作品展示，价值认同

微电影"编、导、演、拍、剪"的参与体验式学习，是学生自我教育的过程。通过这些微电影，理解行为规范背后的文明。让学生明白校园行为规范存在的意义，以及做一名文明的孩子的重要性。这种学习方式既解决了德育层面存在的行为规范等问题，又是学生将知识学习转化为实践能力学以致用的过程。

小组完成的微电影作品可以在班级展映，全班同学一起观看。这让学生体验到成功的快乐，这是学校开展"微电影"活动最好的内驱力。而这些微电影作品则成为学校行为规范教育最好的素材，促进学生文明意识的形成和改变。

2. 佳作推送，内化于心

组织专业教师团队对学生创作的作品进行评审，选择优秀的作品，利用晨会让学生进行作品介绍、作品分析、讲讲作品背后的故事等，再进行优秀作品推送。这些优秀的作品会成为学校文明教育的校本素材。

利用晨会时间在各个班级展播优秀的微电影作品。"从生活中来，到生活中去。"让学生经历价值体验、价值内化、价值引领，对规则背后的价值进行反思和理解，在潜移默化中培养学生的"文明"意识、责任感和规则意识。

反　思

1. 价值引领视角下的项目设计

"与文明同行"首届微电影节，面向全体学生，让学生站在发现者和设计者的角度看待校园中发生或需要改进的行为规范问题，并围绕所选的主题进行分工协作，解决问题，并对规则背后的文明进行反思、讨论、辨析、理解，成为自我教育者。

学生由被动接受变为主动参与。在活动的过程中，学生逐渐学会合作、学会关心、学会分担。他们不断地体验到成功的快乐，从而增强了他们的自我效能感。由此激励学生更加主动地参与自我教育这一环，在"活动—体验—辨析—感悟—内化"的过程中，形成良好的文明意识，逐步化他律为自律。

2. 价值驱动视角下的项目实施

"与文明同行"主题微电影活动让教师站在新的角度认识学生，认知自己的角色定位，让教师从价值的灌输者成为价值观教育的引导者。在"与文明同行"微电影活动中，从最开始的带领学生认识主题到后来拍摄过程中的技术和策略指导，以及最后班级微电影展映时的组织学生分享、讨论、辨析，教师只是充当一个引导者和技术顾问的角色，学生是活动的主体。这让教师不仅能严格要求自己，起到学生价值观教育的榜样作用，而且学会创新德育载体，设计德育活动，提升教师的育人技巧和德育素养。

3. 价值趋同视角下的成功体验

20 世纪美国心理学家和认知心理学家罗伯特·斯滕伯格用"成功智力"的概念，赋予了智力以新的含义。在拍摄微电影的过程中，学生认真地做好自己的本职工作，受到同伴们的肯定、老师的鼓励。学生通过自己的努力克服困难，就能获得成功的体验。只要学生完成微电影的拍摄，就能在班级展映并获得证书。这些成功的体验便成为学生参与项目最好的内驱力。在整个微电影创作的过程中，学生从被动的规则接受者转变为主动的规则制定者和参与者，通过体验，更深刻、直观地感受与理解这些行为规范问题背后的文明和责任担当，从而逐步达成学校培养有社会责任心、创新力、学习力和共情力的学生的育人目标。

（温州市广场路小学白鹿州校区　周伶俐）

果树"美发师"

背　景

　　近年来，受到日益丰富的物质生活环境与享乐主义、消费主义等思想的影响，在一些青少年学生中出现了不珍惜劳动、不想劳动、不会劳动的现象，使他们形成了不太端正的劳动价值观。而一些普通中小学，包括实践基地类学校，或多或少都存在对劳动教育理解的偏差，认为劳动教育就是让学生适当体验劳动过程，掌握一些简单的劳动技能，忽略了对学生劳动价值观的引导。更有少数学校将"劳动"作为一种惩罚学生的手段。

　　2020年教育部印发的《大中小学劳动教育指导纲要（试行）》进一步阐明了劳动教育的内涵和特征，指出"劳动教育是发挥劳动的育人功能，对学生进行热爱劳动、热爱劳动人民的教育活动"。那么，如何在具体的劳动活动中体现劳动的育人功能？温州市学生实践学校积极开展劳动课程的研发，并进一步提出"三环节五步骤"（情境理解、过程体验、分享反思三个环节，讲解说明、淬炼操作、项目实践、反思交流、榜样激励五个步骤）的教学模式。本案例是目前学校为初中学生提供的劳动课程内容之一。

过 程

为了让学生在真实的劳动环境中进行角色体验，本活动通过指导学生对园区内种植的果树（如桃树、杨梅树、枣树等）进行枝条修剪、土地翻耕等一系列体验，引导学生认识并体悟生产劳动与日常生活之间的关系，形成对"田间地头"生产劳动的正确认识，并理解敬业、友善等社会主义核心价值观在劳动活动中的实践内涵。

情 境 理 解

通过问题导入，促进学生对本次活动中所要扮演的角色作用的了解，激发学生的学习兴趣。同时引导学生认识到劳动创造价值、创造财富、创造美好生活的道理。

1. 分组

将学生分为 5 人一组，每组身穿不同颜色的背心。

2. 导入阶段

◇指导师：

通过列举美发师的作用以及展示精美的盆景作品，引出果树修剪的具体作用和意义。

◇学生：

了解果树修剪的作用与意义。

3. 讲解说明

（1）认识工具。

（2）讲解修剪基本技术。

根据所要修剪果树的种类，介绍相应的修剪方法。

4. 介绍活动记录单与评价规则

通过提前让学生了解接下来的活动安排和评价规则，能让学生更好地、有目的性地参与劳动。

◇指导师：

（1）组织学生学习记录单和评价单。

（2）介绍评价单的评分规则。

◇学生：

学习记录单和评价单，了解评价规则。

过 程 体 验

指导师在该环节引导学生运用新学的知识和技能解决劳动过程遇到的问题，端正劳动态度，关注细节，引导学生对操作行为的评估与监控，做到眼到手到心到，有始有终。学生反思并分享劳动初体验过程中的感受，澄清劳动过程中的价值误区。

1. 劳动初体验

了解学生的掌握情况，将发现的问题记录下来，并通过淬炼操作环节进行提升。

◇指导师：

（1）组织学生5人一组，在指定区域内自选一棵果树，对果树所在位置需要翻耕的地面进行操作。

（2）强调注意事项，并确保所有学生都在视线之内。

（3）巡视各小组，发现问题逐一指导。

（4）发现普遍性问题时应及时暂停活动，进行重点讲解与示范。

（5）组织学生围绕遇到的问题进行讨论。

（6）讲解劳动评价规则。

◇学生：

（1）在指导师规定的区域内自主挑选一棵果树进行初步尝试。

（2）运用指导师介绍的方法进行修剪、翻耕。

（3）根据要求安全规范地使用各种工具。

（4）了解评价规则，并根据评价要求进行操作。

2. 淬炼操作

◇指导师：

（1）再次介绍并示范基本的修剪、翻耕的方法和原则。

（2）组织学生进行展示，分享劳作经验以及对生产劳动的初步理解。

（3）结合真实的过程体验，分析和介绍评价规则。

（4）围绕学生在初体验环节中遇到的一些问题，重点示范和讲解操作过程的技术、态度、角色理解等要求。

◇学生：

（1）回顾与学习有关果树基本的修剪、翻耕的方法和原则。

（2）体验短截、缩剪、疏剪、翻耕等基本操作。

（3）真实体验后能提出自己的疑问，分享对所从事工作的初步理解。

（4）小组同伴之间互学，理解核心价值观"友善"的意义。

（5）根据指导师反馈的信息，纠正技术动作、端正劳动态度。

3. 项目实践

给学生充分的时间体验劳动，并在劳动的体验过程中引导学生乐于参与劳动，并能掌握和运用一定的劳动技能完成劳动任务。在学生经历充分的劳动体验过程中，引导学生体验劳动创造价值的自豪感，以及劳动成果的来之不易，形成积极的劳动态度和端正的劳动价值观。

◇指导师：

指导学生完成劳动体验，并记录各小组表现情况。

◇学生：

完整体验果树修剪、翻耕全过程。

4. 收拾场地、整理器材

5. 果树授牌

一方面提高劳动的仪式感，让劳动更有意义。另一方面，有助于学生在下次来校活动时能关注到自己的劳动成果，更能懂得珍惜劳动成果，也能将该劳动成果展现给其他学校的学生。

◇学生：

对本小组完成修剪的果树进行授牌。

分享反思

1. 反思交流

通过回顾劳动过程，感受劳动的意义，澄清劳动价值，反思劳动过程中出现的不端正态度和抗拒劳动、不愿劳动的现象，同时引导学生分享所扮演角色的内心价值情感与价值冲突，从而提高价值敏感性和价值反思能力。

◇指导师：

（1）引导学生回顾劳动过程，分享劳动经验、角色理解，展示劳动成果。

（2）分享劳动精神、劳模精神和工匠精神的含义。

◇学生：

根据指导师的引导，积极回顾劳动过程，说出劳动时的感受和遇到的问题，乐于分享劳动经验，大方展示小组劳动成果，谈谈自己对劳动精神、劳模精神和工匠精神的理解。

2. 小组自评与师评

3. 榜样激励

通过评选"劳动标兵"和"优秀小组"，激发出学生的劳动榜样精神，激励其他同学向其学习。

通过分享"劳动标兵"和"优秀小组"的劳动经验与劳动成果，引导学生发现个人价值和社会价值，帮助学生树立正确的劳动价值观念。

反　思

"三环节五步骤"的教学模式是融合了体验式学习、项目式学习和深度学习的理论进行设计的。它强调学生能在真实的情境中，完成具有挑战性的任务，能通过反思与分享活动，提炼形成有意义的经验和新知识，并能够将这些经验和知识迁移运用于新的学习与生活之中。本次活动基于这样的教学模式进行设计，就"情境理解""过程体验""分享反思"三个环节进行了更为深入的实践探索。

1. 角色代入法促进学生情境理解

在现实生活中，每个人对情境的理解、问题的解决等总是会基于自身的角色定位。不同的角色定位，可能会产生不同的情境理解与体验，有些会是正面的，也有些可能是负面的。所以，在教学情境的设计上，能引导学生代入角色并能产生正面理解或体验的环节是非常重要的。本次活动中，为激发学生主动参与活动，并能在角色扮演中认识劳动的价值，懂得如何辛勤劳动，我选用了日常生活中最常见的美发师作为导入的第一个角色。学生很快能理解美发师是在用辛勤的劳动创造美。当我再引入果树"美发师"这一角色时，学生除了理解果树"美发师"可以让果树变得美观以外，很容易就认识到通过劳动使果树增加产量、保持质量，同样体现了"劳动之美"，更是激发了学生想通过劳动创造"美"的实践意愿。这就为接下来学生积极参与劳动过程，并产生积极体验打下了良好的基础。

2. 挑战性任务加深学习过程体验

苏霍姆林斯基曾说，要培养年轻人报答劳动人民的思想，只有让他们通过亲身体验，去认识劳动者为了创造生活福利而付出的艰巨努力。为此，我从果树护理技术中选取了枝条修剪和土地翻耕这两项具备了一定劳动强度与技术要求的内容。不管是具体操作过程，还是工具的使用，这两项内容都反映了果农对果树护理的基本操作要求，既保证了劳动任务的真实性，也对学生有一定挑战性。学生要学会运用三种最基础的修剪方法和土地翻耕的技术，懂得使用修枝剪、锯子、锄头、铁锹等护理工具，并通过一定强度的体力活动去完成修枝、翻耕、施肥、浇水等劳动环节。为了激励学生积极面对劳动过程中的困难及挑战，我在学生劳动过程中始终与学生互动，努力帮助他们看见自己的劳动成果，并意识到自己努力劳动的作用，从而能积极面对劳动过程中的挑战，在克服困难的过程中体验劳动的艰辛与创造的乐趣。

3. 团队讨论法提升学生价值认知

团队或群体价值观是青少年学生生活中的重要影响力来源。通过团队或集体建设，引导学生明确或共同形成他所在团队或群体对某事物的主流正向价值认识，是中小学价值观教育的常用方法之一。比如，在这次劳动过程中，有部分学生出现随意剪枝、不够专注、相互推诿、不愿承担劳动量大的任务等现象。如果不是普遍性问题，我一般会采取组内即时讨论，一起分析状况出现的原因。如果是各小组的共性问题，那就会采取集体即时分享，并引导各小组分享各自的解决对策。除即时讨论外，本次活动最后的总结分享反思环节也是能否将劳动价值观"升华"的关键要点。该环节主要为各小组反思总结其在劳动过程中的优缺点、体验点等，我在引导各小组分析讨论的基础上，澄清劳动过程的价值误区，最后引向劳动创造价值、劳动创造美好生活等方面，总结辛勤劳动、诚实劳动的实践内涵等。

（温州市学生实践学校　郑淼）

实践育人篇

　　实践生活是人类价值观形成和发展的土壤。实践育人就是要唤醒青少年学生在校园生活、家庭生活、社会生活甚至国家生活中的价值体验，特别是要引导他们在真实经历中感受社会主义核心价值观对自身、对他人、对社会、对我们国家以至对全人类的重要引导作用，在实践生活中形成主动、自觉践行社会主义核心价值观的价值意愿与信念。

　　本篇6个价值观教育案例，在实践育人途径上各有特点：有的直接基于学生的校园生活，有的引导学生的目光从校园生活转向社区生活、社会生活甚至国家生活；有的注重外在价值环境或氛围的体验，有的注重引导学生在价值观实践上的自我教育；有的善于设计实践活动中的价值体验过程，有的善于引导学生实践中的价值理解与反思。总体来说，这些案例都较好地体现了学生主体性、过程体验性、价值引导性这些重要的教育原则，值得我们借鉴。

毕业的"礼物"

背　景

　　我所带的是初三毕业班。从5月份开始，学生们就互送礼物、外出拍照。我担心学生这么做会影响中考复习。当我提出我的担心时，有学生就问我："老师，那有什么更有纪念意义的活动呢？"

　　我趁机引发学生们讨论，并要求活动是在中考之后开展的。有一位学生说："中考之后正好是端午节，我们一家要吃大餐。"有一位学生说："有什么好吃的，我都吃厌了。"我说："我们吃厌了，可是有些山区的孩子却吃不饱饭，穿不暖衣！"此时，有一位学生提出："那我们捐校服吧！我们毕业了，校服也用不着了，就把衣服送给那些需要的人吧。"这个提议一下点亮了同学们的心，我们决定在中考后开展一次以校服捐助为主题的综合实践活动。

　　每一届初三学生毕业之后，在操场上、教室里总会看见很多被丢弃的校服。每位学生春装、秋装、冬装都至少各有两套校服，算一下，我们一个学校就有将近3000套，如果再算上乐清市其他大大小小的学校，那数字还是很惊人的。这些旧衣物作为普通垃圾处理掉是对资源的浪费，但如果把这些衣服捐给山区孩子，帮助他们渡过难关，让他们感受到社会的友善和温暖，那将会是一件很有意义的事。

过 程

我先上了一节启动课，以头脑风暴的形式引导学生围绕本主题提出了操作性建议：写倡议书、做调查问卷、设计海报、推出公众号、联络慈善机构、收纳整理衣服等。根据这些任务，学生被分成了调查问卷组、宣传组、收纳组，做到人人有事做，事事有人做。历时一个月的活动由此展开。

阶段一：发动、宣传

问卷调查

调查问卷组的同学们为了调查毕业班学生捐校服的意向，设计了一份调查问卷。他们将 500 多份问卷回收过来，去掉 20 份无效问卷后，就拿着计算器开始统计了——同学们愿意捐赠的校服总共有 917 套，这个数字给了他们一颗定心丸。在问卷调查时，有几个班级的同学都自发地鼓掌，有些同学问："能不能把我家的其他衣服也捐过来？"有些同学提出是否可以亲自送物资去四川。这些都给了我们班同学很大的鼓励。

联系慈善机构

首战告捷，宣传组开始行动了。首先要联络慈善机构，他们先是上网寻找，但查完觉得不太可信，后来有同学提出可以根据街上那些旧衣物回收箱上的电话号码联系专业机构。大家一致认为这个提议靠谱，于是宣传组的同学据此联系到了温州市乐清市衣慈善爱心流转站的孙老师，经过详细沟通，最后双方达成一致，把校服捐给四川省西昌市凉山州贫困山区的学生。

全校动员

活动进行得非常顺利，学生们考虑问题也越来越周到，采访组采访了总务主任和政教主任，要求分配一个房间存放衣服，并请二位主任帮忙在全校做宣传，良好的沟通使他们获得了支持。

为了让捐校服活动得到全校师生的支持，宣传组的同学连夜起草了倡议书，在周一的晨会上登上了主席台，在全校师生面前做捐校服动员演讲，当天中午，宣传组还到各班分发倡议书。

公众号上发文

毕竟是互联网时代的学生，学生们还想到了借用学校的公众号，使捐校服活动得到更大范围的关注。公众号文章推出后，当天就有 890 多人次阅读，还有一些家长留言，甚至其他学校的家长都打电话来要求捐衣服。

阶段二：组织实施

做足了宣传工作后，同学们都安心学习，不再提这事，一门心思迎接中考。而我分明觉得大家学习的劲头更足了，注意力更集中了。

接收衣服

中考结束的第一天，收纳组的同学早早就来到学校，准备开始收校服了。刚开始，门可罗雀，学生们忐忑不安地等着，深恐无人前来。然而，到 12 点左右，送来的衣服一波接着一波，越来越多，老师们和家长们也纷纷参与。幸亏收纳组的成员早有分工，有的负责叠衣服，有的负责解释和感谢，一切井然有序。

学校将阅览室指定给我们存放衣服。衣服堆积如山，堵住了阅览室的大门。同学们热火朝天地干活，临时又分出了冬装组、秋装组，还成立了民间组，因为有很多衣服不是校服，是来自社会的捐赠。每一组都把衣服叠得整整齐齐。

整理校服

在这个活动中，学生们和山区的孩子们虽未谋面，却似乎有了某种温暖的联系。学生们的爱心滋生了。他们仔细地检查每一件衣服，只留下看起来比较新的校服，还细心地修好了几件校服的拉链。

学生们说，要尊重山区的孩子，不能让他们穿脏衣服、破衣服。第二天，学生们把挑出的脏衣服送到洗衣房，洗好后一件件仔细地晾在操场的冬青上。搬衣服途中，一名同学怀抱的衣服不慎掉在了地上，旁边的同学赶紧跑过去捡了起来。

整理衣服时，有些衣服口袋里掉出了几块钱，有些衣服口袋里掉出来几张卡片，这都是捐校服的学生们特意放的。其中一张卡片上写着："同学，你好，很高兴我能帮助到你！即使我们从未谋面，但如果你有需要，我愿意尽我自己的最大努力去帮助你！"有的卡片上写着："小小心意，不成敬意，但愿我们有缘成为朋友。"有的卡片上写着："你要像姐姐一样好好学习！"有些同学留下了电话和地址，有些同学还附上学习用品。

整理完衣服后，收纳组的同学把阅览室仔细打扫干净，然后把衣服一捆捆搬到五楼阅览室，搬运并不容易，可学生们心中有爱，脚下似乎特别轻松。

发送衣服

中考后第三天，万事俱备，只等东风，下午就要装车了。同学们把一件件衣服装进袋子里，从五楼一袋袋搬到一楼，此时，全班同学不分彼此，一起诚心满满地工作着。

《乐清日报》的记者还到学校采访了我们的组长和领导。衣慈善的专车来了，大家一起帮忙装车，满满一车爱心奔向了山区的孩子。同学们望着离去的车子，久久不愿离开。

阶段三：总结交流

活动结束后，我组织了一节以"友善"价值观为主题的班会课，要求每位同学结合自己在这次实践活动中的经历，谈谈对"友善"一词的认识。几乎每位同学都谈了自己的感想。

李同学说：我一想到山区的学生们穿着我们的校服，整整齐齐地坐在教室里读书，心里就感到莫名的开心。友善是一种正能量，能传递开心与温暖。

陆同学说：我在整理衣服时，看到了很多校服口袋里有祝福的卡片、零钱、学习用品、玩具等，我被感动了。友善是人与人之间的关爱。

黄同学说：在他们长大后，可能会想起我们做的事，然后去帮助更多的人。所谓"人人献出一点爱，人间处处是春天"。所以友善是一种爱的传递。

张同学说：在分发倡议书时，有人把我们的倡议书扔到了垃圾桶里，这让我们的信心大打折扣。不过，一切在捐校服那天发生了改变，完全没想到会有这么多同学支持我们的活动。所以，我认为身边大多数人是友善的，愿意帮助别人的。

倪同学说：以前我只在电视上看到过这种活动，没想到自己也能亲身经历。我发现自己也是有力量帮助别人的。友善是一种改变世界的力量。今后我要多参加这种服务活动，帮助他人的感觉特别棒。

还有很多同学说他们的这次经历是最好的"毕业礼物"。学校应该每年都举行这样的活动，因为友善是一种值得被倡导和传承的精神。

听着同学们的发言，我被感动了。一次偶然发起的实践活动，原本只是为了做一次毕业纪念活动，却让同学们产生了如此深刻的人生体悟。我也从未想到，社会主义核心价值观的"友善"概念，在实践中被同学们衍生出如此丰富的内涵。想到这里，我也赶紧为他们补充了一句：在这次活动中，我看到收纳组的同学很细心地整理和清洗脏衣服，修复拉链，我觉得他们做得非常好。因为友善不仅是一种关爱，还是一种尊重。

反 思

一次特殊的毕业活动结束了，学生们带着他们收获的"礼物"离开了母校，但留给我的思考却还有很多。

1. 亲历实践，体验社会责任担当

随着国家日益富强、文明，社会公益事业也随之有了很大发展，我们在教授孩子文化知识的同时，也要引导学生热心公益事业，帮助弱势群体感受到社会友善、人文关怀。学生通过亲历捐献校服、帮助山区孩子的社会实践，体会到帮助别人所带来的快乐，获取有积极意义的友善价值体验，初步形成对自我、学校、社区、社会的责任担当意识。正如一位学生所说，以前只是在电视上看别人做公益，现在发现自己同样有这样的力量来帮助他人，甚至改善社会。我甚至觉得，这个认识会成为他们人生阶段中的一个关键点。

2. 总结交流，揭示友善实践内涵

作为一次毕业活动的策划与实施，其实我一开始并没有意识到要在活动中如何引导学生体验"友善"价值观。如果要让我向学生解释"什么是友善？"这个问题，估计也只能干巴巴地说"友善是相互友爱"之类的。但在这次活动结束后的班级交流中，同学们的发言与感悟真的让我感到惊艳。即使作为成人，作为老师，我也从没有想过，友善在实践中会有如此丰富而具体的内涵。这样的体悟也唯有从实践中才能产生。

我也很庆幸最后组织同学们开展了一次以友善为主题的总结交流。学生在实践中的感悟很可贵，但也很容易消逝。作为教育工作者，要做的不仅仅是组织一次活动，更重要的是要关注学生是否在这样的活动中受到教育，获得成长的契机。一次感悟与体验的分享交流，一次聚焦于价值观主题的讨论，真的会让一次普通的实践活动得到质的升华。

3. 搭建平台，助力学生价值成长

现代的学生，尤其是青少年学生，学业任务重，生活条件优越，网络交际发达，平时生活不是在教室学习，就是在家玩游戏，很少有机会参与社会实践，当然也很难获取有益的价值体验或引导，以至于产生价值观上的许多困惑甚至偏差。但学生是一个国家未来的主人，少年强则国强，如果他们只会谋一己之私，无家国天下之心胸，没有正确的价值观作人生底色，那么这个国家是很难有未来的。

一次毕业活动让我意识到学校是教书育人的地方，除了教书，我们还肩负着育人的责任。学校已决定把捐校服活动作为毕业班的特殊"礼物"一届届延续下去，并将以社会主义核心价值观为引领，打造更多的价值观教育平台。

（乐清市虹桥镇实验中学　颜爱微）

做一件有价值的事

背景

2020 年春天，世界人民共同经历了新冠肺炎疫情危机的考验。钟南山、李兰娟、张文宏等一批批逆行者的正能量行为，温州人在抗疫中的无私奉献、协同互助的精神等，成了温州中小学生最直观生动的课程。那么面对疫情，宅家的孩子们该做些什么呢？如何引导孩子们在学习逆行者的抗疫精神过程中，体悟社会正能量，理解社会主义核心价值观，从而树立正确的人生观与价值观呢？

过程

学生 1：学做身旁的那颗"星"

疫情期间，不串门，不走访。可是二年级的徐同学，却在这不一样的假期里挑起了陪伴表妹学习的重任，她们一起学习，一起"放风"……。徐同学为自己的成长提交了一份令人满意的报告单。原来，2020 年 2 月 15 日这一天，她身为护士的阿姨收到要护理一名疑似病例的任务，在医院隔离守护病人 14 天。与此同时，她也"临危受命"——陪伴妹妹完成这 14 天的学习任务。疫情期间，她认识了钟南山等奋战在疫情一线的白衣战士，他们"舍小家为大家"的精神打动了她，令她肃然起敬：我不能只顾着安排自己的学习生活，我也要肩负起作为姐姐的责任，守护我们的大家庭，陪伴妹妹，努力成为妹妹心中的榜样，成为她心中的"明星"！说到做到，她也成了校园中的一颗闪亮的"星"。

学生 2：敢于讲真话

"说谎，鼻子会变长的！"蔡同学说。

"我不要说谎。"一个小男孩害怕地捂住了自己的鼻子，真是可爱极了！

这是五（3）班的蔡同学在给弟弟讲自己手工制作的绘本故事。疫情期间，蔡同学了解了疫情吹哨人——李文亮医生的事迹，他体悟到：敢于说真话的英雄，是敢于担当、敢于负责的时代楷模，值得尊崇，值得缅怀。他深深地体会到这种品格的重要性，不仅要自己做到，还讲给弟弟听。可弟弟不明白，怎么办？于是，他在网络上查找资料，手工制作了很多绘本故事，逐一讲给弟弟听。他希望弟弟能懂得其中的道理，做一个诚实的人。

学生 3：爱国从爱家开始

有这样一个男孩，他手里拿着扫把簸箕，为邻居们打扫公共楼梯及楼道。他就是我校六（4）班的胡同学。疫情期间，因为病毒传染的未知性，小区的电梯太过封闭，许多人选择了走楼梯，走的人多了，楼梯就变得很脏，尘土很多。在寻访榜样行为时，他从捡垃圾的徐阿婆、送菜的师傅和捐口罩的爱心人士等普通人身上看到了强烈的爱国之情。胡同学说："我们没有办法在最危险的一线创造价值，那爱国就从爱家开始。"于是他就去打扫楼梯及楼道，尽自己微薄的力量让邻居们感受到清洁的环境，爱邻居爱小区，让自己家园变得更加美丽！

2020 年 2 月 17 日，温州市教育局向全市学生发出"做一件有价值的事，给人生一个标杆"的倡议。我们学校积极响应，借鉴项目化学习的实施模式，以"疫情期间做什么事情是有价值的？"为驱动性问题，引导学生从以下三个层次逐步展开主题学习与探究。

植入榜样行为，关注价值观

2020 年 2 月 21 日那天，学校向全校学生发出倡议公告，开启"做一件有价值的事，给人生一个标杆"项目行动，呼吁学生关注逆行者，着眼"价值"，去寻先锋、敬先锋、做先锋。随着活动的开展，"宅"在家里的学生们不断通过媒体、网络去关注社会、了解疫情。逆行者的"榜样行为"进入他们的视线，成为正向价值观的榜样示范：钟南山院士、李兰娟院士、全国各地四面八方的白衣战士请战逆行去武汉与病毒直接战斗的爱国精神；一线基层工作者上门排查、坚守卡点、服务群众的敬业精神；海外华侨为疫区捐赠物资，抗击疫情中展现的家国情怀；送菜的师傅和捐口罩的爱心人士身上的关爱他人、协同互助精神等。

寻找身边榜样，体悟价值观

对学生有影响力的榜样往往也在普通人中间，特别是他们熟识的亲朋好友。防疫是全民的事情，网络上对捡垃圾的老婆婆、送菜的师傅和捐口罩的爱心人士等普通人齐心抗疫事迹的报道，让孩子们意识到身边也有在医疗前线的亲朋好友，有为武汉捐赠物资的父母，有守护卡点的叔叔阿姨，有为卡点工作人员烧饭送菜的奶奶……。他们的言行举止都能潜移默化地引领孩子们明悟正向价值观。五（3）班陈同学的阿姨是一名一线社区工作者，要日日坚守小区卡点，为村民们义务理发。陈同学说从阿姨守护村民的行为中，看到了无私的奉献，看到了"友善"。于是她也用自己的行动去守护家人。

学习榜样精神，践行价值观

除了引导孩子们从他人的榜样行为中体悟价值观，学校更注重引导他们用自身行动去"匹配"正向价值观。学校鼓励孩子们将自己做的"一件有价值的事"，在父母的朋友圈、个人或班级"美篇"、学校公众号上发布和展示出来，将正能量传递给身边的亲朋好友。如陈同学在"美篇"中说，她从热心男子为老奶奶戴口罩的行动中感受到陌生人之间的关爱，以及科学防护的重要性。为此她坚持每次帮助要出门的爷爷奶奶正确戴口罩，还在宅家期间制作了《新型冠状病毒预防手册》，为守护家人、守护旁人贡献小小力量。她的作品被文明瓯海、浙江教研公众号发布。又如三（1）班的柳同学听张文宏医生说：每个人都是战士，把病毒闷死，靠医生一定不行。于是这个孩子决定做一名"战士"，和病毒战斗！他把压岁钱捐赠给武汉，第一时间献出爱心，还通过疫期阅读、家务、运动等有意义的生活让自己健康、强大起来。孩子们的积极行动与展示，获得了同学、家人、班主任及阅读者的暖心点赞和表扬。身边人的肯定与支持，又成为孩子们坚守和再行动的动力，更形成一个良好的价值观教育环境。

反 思

2020 年的春天，给每人都留下了不一样的记忆！经历疫情，孩子们通过"做一件有价值的事，给人生一个标杆"行动实践，明悟并践行了正向价值观。结合此次经历，我来谈谈中小学落实价值观教育的一点思考。

1. 联结社会生活，挖掘价值观教育着力点

这次疫情，让我们目睹了人生百态，我们看到了敢说真话的英雄医生，也看到了隐瞒旅行史和病情最终害人害己的患者；我们看到了奋不顾身奔赴一线的抗疫工作人员，也看到了发国难财的不良商家。这些社会现象为我们提供了丰富的德育素材。如何联结生动的社会生活，挖掘学生价值观教育着力点？这是我们在疫情期间思考最多的问题。在这个特殊的时期，学校在 3 月 5 日学雷锋纪念日，3 月 15 日国际消费者权益日，3 月 29 日逆行者们启程返乡等一个个特殊日子，发出一次次倡议："敬！学雷锋纪念日，一起做有价值的事""3·15，一起做有意义的事""追'星'去，一起做有价值的事"，持续推进"做一件有价值的事，给人生一个标杆"项目的实施。这样的经历，必将对我们学校德育工作的改进产生深远的影响。

2. 组织主题活动，探索德育项目化学习模式

疫情期间，学校以"做一件有价值的事"为主题开展了德育项目化学习活动，在驱动性问题"疫情期间做什么事情是有价值的？"的带动下，孩子们在观察社会现象、体悟正向价值观的过程中，学会价值判断与辨析，学会主动发声和支持社会正能量，甚至以行动来践行正向价值观，初步展现出"知行合一"的德育效果。通过这次德育项目化学习活动，我们尝试突破传统德育活动模式，以问题解决为导向构建德育实践活动；突破传授为主的学习方式，构建协作、探究的教与学活动方式；突破传统单一思想教育的局限，构建价值观融合的德育活动组织方式。

3. 借助榜样示范，紧扣价值观实践认同点

好的榜样，是最好的引导；好的楷模，是最好的说服。学校此次疫情背景下的价值观教育实践，以"榜样示范"为方法，引导学生在学习榜样的过程中，基于"行中有知，知中有行"的认知规律体悟和践行正向价值观，初步构建出"行—知—行"德育项目化学习模式：第一个"行"指的是榜样行为，以榜样人物引领、明晰正向价值观，用榜样行为将学生情感、意愿激活；"知"为体认明悟价值观，学会辨析与判断他人行为价值，学会把主流正向价值纳入自己的认知结构，形成价值认同；第二个"行"为践行价值，学生依据新获得的价值认知去行动，以行动主动"匹配"正向价值观，此"行"不仅是学生进行价值确认的过程，更是"知行合一"的实践过程。

（温州大学附属南白象实验小学　陈建敏）

向阳花小镇的小公民

背　景

综合实践活动课是国家第八次基础教育课程改革纳入的新的必修课程类型。作为学校综合实践活动课的教师，我常思考这样的问题：我为什么教综合实践活动课？孩子为什么要上综合实践活动课？综合实践活动是要让学生参与社会生活，让学习与真实场景深度连接，学会在真实的场景中思考问题，体验社会与生活中的价值观。那么，作为教育者，如何以此为目标，设计和开展实质性的、能惠及每一个学生的教育活动呢？

过　程

场景一

"现在我宣布竞选活动开始，掌声有请1号竞选者娄同学上台演讲。"13位候选人依次上台竞选演讲，他们声情并茂，慷慨激昂，展示自身的良好素质和为"向阳花小镇"服务的热切愿望。

"我对学习有饱满的热情，我富有责任心。"

"在班级我担任学习委员、英语课代表，在学校我担任扶助员、广播员、图书管理员，我拥有不错的管理和监督能力。"

"假如我当选葵花籽镇长，我会做到以下几点：第一，做到公平，不包庇任何一个人；第二，我会关心集体，乐于助人；第三，我会严格要求自己，带领学长学姐帮助小同学。"

"如果我没有竞选上，表示我的能力与葵花籽镇长的要求还有距离，我将更加地努力，改正不足，请大家相信我、支持我！"

……

开学典礼那一天，候选人站在台上就未来推行的小镇建设目标、施政构想进行竞选演讲。之后，师生每人一粒葵花籽，以镇民的身份平等投出宝贵的一票，选举产生五名"葵花籽镇长"（见图 3.1）。

图 3.1 葵花籽镇长竞选

场景二

小镇发行了"葵花籽币"（见图 3.2）作为货币流通。面值共 188 元，分别为 1 元红色成长币、2 元橙色友善币、5 元黄色文明币、10 元绿色敬业币、20 元青色诚信币、50 元蓝色学习币和代表最高荣誉的 100 元紫色和谐币。学校定期为学生员工发放校园葵花籽币作为劳动报酬，葵花籽币可以用于换购超市的兑换礼物，可以在迷你集市购买其他孩子的创意作品；也可以在小镇各个项目里购买相应的服务，享受辛勤付出带来的快乐，体验丰富多彩的小镇生活。

向阳花小镇集市开启了（见图3.3）。孩子们拿着葵花籽币到集市上自在购物：可能是一串香蕉、一根冰棍或一本漂流的图书。摆摊的人要缴纳场地租金，收入要交税，老板要向员工支付工资，员工可以把富余的钱（葵花籽币）存入银行。"我学会了省钱，做好自己的工作。因为工作获得报酬感觉不错。"这是孩子们感受到的小镇经济生活。

图3.2　葵花籽币

图3.3　向阳花小镇集市

场景三

"我是六（1）班的小朱学姐，这是学校送给你的开学礼物——葵花籽币，恭喜你成为一名小学生了，你还不认识路吧？我送你去你的班级吧。"一位学姐拉着一名小朋友的手，一边走一边问："你是哪个班的呀？"小朋友有些胆小，说："是一（2）班的。""我领你去一（2）班。"

今天是开学第一天，上庄小学的全体同学迎来了开学典礼。六年级同学还参加了"我是学长"的义工活动。他们要给一年级新生送上小礼物——葵花籽币，并把他们一个个领进教室。一开始，看着那么多的老师、家长，小朱学姐心里紧张极了，害怕得一时想不出说什么。当成功把第一个小妹妹领进教室后，她突然自信了起来，感到自己长大了，产生了一种自豪感。小朱学姐回想自己小时候是多么羡慕六年级的大哥哥和大姐姐们，如今自己也成了大姐姐，在今后的学习中更要严格要求自己，成为妹妹、弟弟们的榜样。

这些场景来自一所被师生们命名为"向阳花小镇"的学校。学校将象征微型社会的"小镇"概念搬进了校园，将孩子生活的社区和学校模拟为一个小镇，教师、孩子都成为镇上的居民。在学校的精心设计下，孩子们置身小镇生活中，参加葵花籽镇长竞选、岗位应聘与体验、节日庆典、迷你集市、学长导航等各类综合实践活动，感受到丰富多彩的政治生活、经济生活、职业生活、文化生活、义工生活等，感受到所学知识与生活世界是息息相通的。

模拟设计，自主选岗

每个学期开学第一周，小镇都会面向全体学生举行"成长葵花籽，最亮向阳花"的小员工招聘会（见图 3.4）。小镇除了通过民主竞选设一名"葵花籽镇长"外，还模拟现实社会设立各公共管理部门。在这里，有"教育局""人事局""民政局""文化局""法院"，还有研学旅行社、书店……

小镇公民根据自己的兴趣、能力和特长自主申报其中的岗位。应聘成功后，他们将进入"小镇守望者"课程学习，在导师的"模拟"培训和指导下，穿上不同工种的制服，模拟各种岗位角色，参加各种丰富多彩的实践活动。

图 3.4　向阳花小镇招聘

多元体验，快乐上岗

每一个孩子都有一个甚至多个岗位。他们按照规则参加一个或几个部门的活动。每一个岗位都要求掌握一定的技能，承担一定职责，向阳花小镇，也就成了一座倡导学生自主参与和民主管理的小镇。在校门口，小交警会指挥行人走斑马线、给不守交通规则的同学开罚单；做操时，站得远远的是老师，捧着执法记录本的是小执法官；每逢节日，小调查员会去调查如何过节，策划方案；课间，环保小卫士在教学楼走廊上和教室里，仔细察看环境卫生，提示学生保护花草树木；午间，小镇医生会给大家测量体温；课间，小快递员会把同学遗忘在校园各角落里的小黄帽、衣服等东西一一送还……

为了使小镇生活更美好，所有的小镇居民都积极参与制定《向阳花小镇公约》(见图3.5)，最后票选产生十一条小镇公约。孩子们不遵守小镇公约，要受到处罚，执法岗位的孩子会开出罚单，违规者要缴纳罚金（葵花籽币）。

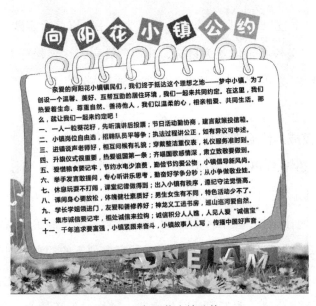

图3.5　向阳花小镇公约

自我评价，敬业爱岗

为帮助学生在自主管理与活动中更好地把握每个岗位的职责和技能等，学校结合学生发展性评价制度，以一系列向阳花小镇手册（学生成长记录手册）为载体，如《小镇守望者手册》《学长学姐手册》《向阳花小镇上的清明活动手册》等，引导学生进行有针对性的活动记录与自我评价。如在使用《学长学姐手册》时，孩子们在记录的基础上，参照"岗位态度""岗位技能""岗位实绩""岗位理解"等几个维度进行自我评价、自我反省，以便在下一次的活动中能更好地帮助学弟学妹，使他们一次比一次有进步，让每个学生看到自己努力的成果，体验到成功的快乐，增强自信心。

反 思

三年来，学校以"向阳花小镇"项目为抓手，以综合实践活动为载体，以落实社会主义核心价值观为目标，让"全员育人、全程育人、全方位育人"在学校真实发生，学校的教育工作取得显著成效。

1. 让学校成为价值观实践平台

陶行知先生曾提出"社会即学校""生活即教育"。习近平总书记说："一种价值观要真正发挥作用，必须融入社会生活，让人们在实践中感知它、领悟它。"但如何让学校真正成为培育和践行社会主义核心价值观的主阵地？"向阳花小镇"的设计与实践就是这样一种富有创意的探索。把学校管理与校园生活转化为具有一定社会特点的小镇生活，让学生身份转化为承担一定岗位职责的小镇公民，在不同的岗位实践中感知和领悟敬业、友善、民主、诚信等价值观的内涵。比如，对于"敬业"价值观，学生在岗位服务实践中首先要认识到，敬业是一种认真、负责的态度，看到走廊上有垃圾，就要主动清扫，有着环保小卫士的责任担当。当学生通过轮岗服务体验到小镇中的不同岗位其实是各有分工，但都很重要时，就可能初步意识到敬业意味着不同岗位对社会责任的共同担当。这些价值体验，唯有在一定社会生活环境中才会被真切地感受到，才会真正进入学生的头脑，并在他们以后的学习工作中发挥作用。

2. 让学生成为自我教育力量

苏霍姆林斯基说过："真正的教育是自我教育。"学校以"向阳花小镇"的自主管理为平台，把学生放在学校教育的主体位置，以尊重、信任为价值原则，以小镇岗位服务实践体验为切入点，为每个学生表现自己的个性和才能、体验职业价值观提供机会与环境。例如，"向阳花小镇"岗位之"小小守桶人"的角色，需要面对面地向小镇公民讲解垃圾分类常识，这样的做法把垃圾分类常识普及教育工作融入日常生活之中，而不仅仅是采用挂横幅、口头说教的做法。在这样的小镇岗位上，孩子们不仅要掌握垃圾分类知识，还要向小镇公民们宣传垃圾分类常识，倡导共创文明城市。孩子们自身对"文明"价值观的内涵理解也就在这样的宣讲中不断提升。再如，学校组建了"小神龙"志愿服务队，入驻学校附近的城市书房，承担起了引导员的工作。通过活动，孩子们体悟到在公共场所中言行文明的实践内涵，亲身体验到自己作为公民的义务与责任，进而学会在其他公共场所（如班级、影院等）自觉践行文明行为，主动维护文明秩序。

3. 让教师发挥价值观引领作用

学生价值观的形成是一个自主建构、潜移默化、循序渐进的过程。所以，在学生的成长过程中，教师的价值观引领作用非常重要。教师不仅是学生知识的传授者，更承担着育人职责。为了落实小镇岗位设置和实施，教师团队研发了"小镇守望者""小神龙志愿者""我是学长学姐""耕煮意"等课程，并在 3—6 年级实施。如，"小镇守望者"课程中"走进父母的工作岗位"一课，教师引导孩子们开展职业体验，走进父母的工作岗位，体验岗位的操作流程，与父母一同工作，感受父母职业的辛劳与赚钱的不易，从而逐渐实现感恩与体谅、责任与担当的价值观教育。与此同时，他们的敬业精神也得到了培养，有益于孩子的终身成长。教师还通过"向阳花小镇大讲坛"将小镇的故事以有声的语言向孩子们传递。如，疫情期间，学校语文组老师通过"疫"线故事让孩子们了解了"方舱读书哥"的故事、武昌医院院长刘智明的故事、钟南山院士的故事……，"向阳花小镇大讲坛"以声传情，通过线上活动带领孩子们走进这些"守护者"们背后的故事，为孩子们讲述一堂堂思政大课，引领学生走向真、善、美的价值观之路。

（温州市龙湾区上庄小学　　王成福　　陈优美）

友善的"小脚丫"

 背 景

　　服务性学习（Service-Learning，SL）兴起于20世纪80年代中后期的美国，它是学校在特定的时间给学生提供社区服务的机会，以此将社区服务和课程学习结合起来，目的是培养学生必要的社会技能和良好的个性品质。在立德树人的大背景下，温州市实验小学结合学校的办学理念，历经2年多的时间，构建了"友善"价值观引领下的"小脚丫"服务性学习体系。

　　友善是社会主义核心价值观的重要内容，是青少年儿童价值观体系发展的基础价值。学校以引导学生践行"友善"价值观为目的，结合"小脚丫"志愿服务活动载体，从同理心、责任感、服务力三个维度分别构建小学低段、中段、高段服务性学习的分级目标，以服务活动促进学生价值观体系的发展（见表3.1）。

表3.1　"小脚丫"服务性学习体系的三层分级目标

低段	同理心：能够做到主动地赞美和温暖他人，发现别人的长处，奉献爱心。
	责任感：主动为班级服务，遵守班级公约，为父母分担家务。
	服务力：对待他人文明有礼，懂得与他人合作，文明服务，合作服务。
中段	同理心：能够善待、理解、宽容他人，理解他人的感受。
	责任感：服务尽职尽责，为集体贡献力量。
	服务力：能感知他人的需求，主动帮扶，合理安排时间，提高服务效率。

高段	同理心：懂得尊重，理解差异，互相帮助，真心付出。
	责任感：对人对事公平公正，主动为社会服务。
	服务力：懂得坚持，学会分工，能够组建团队，完成帮扶。

"小脚丫"服务性学习体系倡导"班班有事情，人人有工作"，具体包含两大模式七大类型，同时有两种并行的运行机制。学生可以选择以个人为单位进行志愿服务，参加"班级统筹型""校园自发型""社会公益型"三种类型的服务性学习；也可以选择志愿者团队的形式，参加"校级团队型""承包团队型""班级团队型""自发团队型"四种类型的志愿服务。由于服务种类繁多，为了保障志愿者培训、评价、履行义务的切实性、有效性和实时性，学校规定了两种管理运行机制，分别是自上而下的聘任合约制和自下而上的自发申报制。

过　程

场景一

每学期一开学，学校就会给孩子们下发《志愿服务申请表》，让他们自愿申报一个服务项目，要求在一个学期中坚持做成一件事。孩子们很快都填好了，可平时一个不爱举手、默默无闻的小女孩纯纯却怎么也下不了笔。这时，送水果的阿姨对班主任说："郑老师，你们班的点心桶又没送下来，三次了呀！"郑老师尴尬地说："好的好的，我一会儿叫孩子送下去。"下课后，纯纯走到了点心桶旁，拎起就走了。纯纯回来后，班主任把《志愿服务申请表》推到她面前："你觉得每天提点心桶怎么样？"她用大大的眼睛看着班主任，若有所思地说："好!"接着,她在班级服务一栏写下了"提点心桶"。接下来的两年,这个小小的桶,她没有一天落下过。

场景二

一天,几个孩子拿着一张《志愿服务申请表》交到了学校的小志愿者服务中心,大概的意思是,他们发现中午大课间的时候有些同学没有文明地使用单双杠,存在很大的安全隐患。他们想成立一个小分队监督和提醒同学们文明使用,预防伤害的发生。在得到批准后,这几个同学坚持每天轮流监督。但是,有一次他们在提醒同学的时候却发生了冲突,被提醒的同学以为他们是在批评扣分,和他们争吵起来。在自我反思、采访同学、求助师长后,小志愿者们发现自己在提醒方式上确实存在问题,经常以命令式的口吻催促同学,让同学难以接受。他们决定优化自己的服务方式——设计一套单双杠专用提示语,使用"请""你好""可以吗?"等表达善意的提醒。就这样,单双杠活动区的不文明情况得到了很大改善。

场景三

一天,"小脚丫"志愿者代表小杨对大队辅导员说:"李老师,学校里的服务终归只是面向学校的,外面的世界有更多需要帮助的人。我们可以动员大家参与到社会服务中吗?"由此开始,几年来,学校涌现出了一批热爱社会公益事业的服务中队:小蚂蚁中队看到公交站的城市书巢无人打理,于是开展了护巢行动,每周都有孩子定期去更换和整理书本;每个暑假在温州三乐亭都会有一群身穿红马甲、不畏酷暑、为路人捧上茯茶的孩子;孩子们不仅去永嘉福利院关爱老人,为他们表演节目送上温暖,还挺进大罗山捡垃圾,力行环保;端午义卖小分队的童心善举还得到了市长的点赞……

在孩子们广泛、主动参与下,学校逐步构建和完善了"小脚丫"服务性学习系统，包括构建分级实施平台、制定多元评价体系，甚至营建出服务实践文化。

构建小学生服务性学习实施平台

根据学段特点，学校设定贴近学生生活的服务性学习的三大实施路径：班级服务、学校服务、校外服务。一、二年级学生因为年龄小，能力欠缺，只设定班级服务一项；三、四年级学生的知识与能力都得到了相应的提高，可以申请校园服务；五、六年级学生则可以进一步申请校外服务。学校里的每个孩子都能在这个服务学习体系中找到合适自己的位置，做自己力所能及的事。

班级服务是学生在班级内外开展服务他人的活动。各班根据需要设置服务岗位，每个学生都可以承包一种班级设施或者一件物品，也可以承担一项管理或服务的项目。

校园服务是学校对校园的服务资源进行分析，设定服务岗位，包含六大志愿者服务社团（见图 3.6），以及各班级自主申报的校园服务。班级以团队（至少 10 人）的形式向学校申报服务岗位，并订立志愿服务协议。这样的服务形式被称为校园服务"6++"模式。

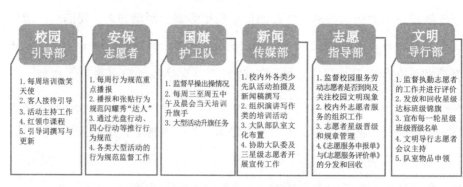

图 3.6　校园服务的六大志愿者服务社团

校外服务是指学生在班级、学校的组织下参加的社区和社会服务活动。校外服务需要学生有更强的主观能动性，不但具备一定的服务能力和服务意识，更需要拥有积极自愿投身社区和社会服务的强烈意愿，是学生从校园向社会过渡，承担社会责任，提升公民素养的有效途径。

制定小学生服务性学习评价体系

为了激励学生更好地完成服务性学习，进一步提升小学生的同理心、责任感和服务力，学校通过对服务对象进行问卷调查、服务性学习自评、服务性学习团队测评、服务性学习足迹积分制、星级志愿者晋级制等方式对学生们的服务活动进行评价。

多元性评价：由学生所填写的《服务性学习申请表》中的评价人进行评价，评价人可以是学科教师、班主任、邻居、父母、居委会负责人、服务机构负责人等，评价人同时负责服务内容与服务频率的协商。

过程性评价：围绕小学生服务性学习的三大品质和能力提升点进行量化评价。我们设立了星级志愿者晋级制度，该制度依托于服务性学习足迹积分制，是根据小学生服务性学习的实际情况设计的，把"积分→晋级"活动纳入学校素质教育体系，与当前的课程改革相结合，使课内学习、校外教育互相促进，相得益彰。其中，服务性学习足迹积分制，是在服务性学习运行机制的基础上展开的，志愿者在参与岗前培训、中期培训、履行相应职责、参与相关服务性学习的过程中获得相应积分。

阶段性评价：每学期末，小学生志愿服务中心会发给每位小志愿者一张服务性学习评价卡。评价人根据学生一个学期的志愿服务频率和质量，特别是结合志愿者足迹积分制评价结果进行阶段性评价。根据志愿者的等级评定、志愿者自荐、班级民主推荐、校园联评等形式选出最美志愿者，通过校

刊《小脚丫》、校园网平台及"会说话的墙"等平台展示这些最美志愿者的
志愿服务事迹，为全校学生树立榜样。

营造小学生服务性学习文化氛围

有一个四人小组成立了校园垃圾清理小分队。一个月还能坚持，可是两
个月后，有人因为家长不认同而回家练琴了，有人被家长安排去上兴趣班
了，有人因为想打篮球而不来了，最后只剩下了一个人。这个同学把自己的
故事拍成了一段微视频，引发了许多老师与家长的共鸣。

学生在服务性学习中的"坚持"一直是个难题。这段微视频，给了学校
触动与灵感——我们不能忽视学生在服务实践中的价值体验，要让他们的
"坚持"及时被看见、被肯定，要让"坚持"成为服务学习中的正能量和正
向价值体验。

于是学校拍摄了《"心"问候宣传片》《足迹——"小脚丫"志愿者的一
天》和《实小的天空》三部志愿者宣传片。影片生动的故事情节，给小志愿
者们提供了榜样示范与精神力量：在管理、服务、助人的基础上学会坚持，
将光和暖持续地散发出去。学校还创设了"小脚丫"服务性学习的标识文
化，设计具有"小脚丫"服务性学习特色的文化产品（见图 3.7：发光体征
集箱、吉祥物亮晶晶和暖洋洋、"爱心伞"、服装设计。一系列文化产品的创

图 3.7 具有"小脚丫"服务性学习特色的文化产品

设增强了学生们服务实践中的自豪感与归属感，坚定了他们的"坚持"与"友善"。

反　思

自"小脚丫"服务性学习体系实施以来，全校都在如火如荼地开展各项活动，而友善的种子就在孩子们一件件温暖的服务小事儿中悄然发芽……

1. 借助实践途径，有效落实"友善"价值观教育

党的十八大报告把"友善"提升到了价值观的高度，这既是对历史文化的传承，也是对新时代道德需求的回应。从国家和社会层面看，友善推动社会稳定、和谐发展；从个体角度看，友善要求与人为善、乐于奉献、相互尊重、平等相待等。践行"友善"价值观是人类社会的一种价值需求，也是青少年儿童价值观体系发展的价值基础。

在现代社会，家庭教育中对孩子过多关注与爱护，部分孩子自我中心凸显，缺乏关心照顾他人的意识，暴露出不合群、不懂得理解他人，不善于表达善意的弱点。这些现象的背后，是学生的"友善"价值观教育的缺失。学校结合自身办学理念和志愿服务活动的载体特点，从人与自我、人与他人、人与社会三个维度将"友善"价值观细化为"坚持不懈、责任担当；懂得同理、相互协作；心存善良、服务社会"三个更具实践指导性与参照性的目标，并落实为不同年级的目标描述，引导全体学生在参与服务实践的过程中将"友善"价值观植入内心，从小学会自觉、积极地践行"友善"价值观，进而也为学生价值观体系的正向发展打下坚实的基础。

2. 基于学生主体，逐步构建与完善服务性学习体系

"小脚丫"服务性学习体系的构建与完善，在很大程度上依赖于全体师生的主动参与。这其中有着多方面的因素相互支撑，但有一点是核心的，就是始终坚持学生主体性原则。如"小脚丫"服务性学习体系的育人目标设计是基于学生不同年级特点的，有序列、有分层，并与各学段纵向衔接、各学科横向融通、课内外深度融合、符合学生的认知规律和成长规律。在内容上，我们通过倡导"班班有事情，人人有工作"，细化服务领域和内容，创新服务形式，小到只是负责整理一个粉笔盒，大到参加社会公共服务，都是基于不同年级学生的不同能力和需求而分配的。再如"小脚丫"服务性学习团队多元形式的创建和运行机制的确定，既满足了学生多层次的需求，又在活动中充分发挥他们的主观能动性，锻炼他们的实践能力。"小脚丫"的评价体系既支持从外部对学生服务进行"量化"测量，同时更加重视"质性"的方法，强调内部的、开放的评价过程，将评价"嵌入"学生的服务过程中，且贯穿始终，有利于学生将友善内化为精神，外化为行为。

3. 依托实践活动，多元提升学生价值实践意识与能力

学校以志愿服务为载体开展小学生服务性学习的实践，为学生提供了践行"友善"价值观的活动平台和学习平台，学生在实践中学习、自省、自悟，结合评价制度，在同理心、责任感、服务力等方面不断提升意识与能力。通过多年的实践，我们发现：在活动中，小志愿者的独立意识逐步增强，表现为有明确的目标和自觉积极参与的态度；能较好地与人沟通，并体验到与人为善、为人服务的快乐；能积极主动与人合作，学习用正确的方法解决合作中出现的问题；做事懂得坚持、有勇气；能够主动地关爱他人，有责任感，学会用自己的力量去感染他人、影响他人，并能对自己的行动进行

智慧的优化和选择。在服务性学习过程中，小志愿者友善、执着等价值品质都得到了显著提升。

（温州市实验小学　祝伟娟　杨磊）

"一瓶水"引发的诚信故事

背 景

社会主义核心价值观凝结着中国人民共同的价值追求，是当代中国精神的集中体现。引导学生"扣好人生第一粒扣子"，就要充分发挥社会主义核心价值观对学生的精神引领作用，就要把社会主义核心价值观教育充分融入学校教育之中。

我校创新德育实施路径，经过多年的实践，逐步建立了以"幸福小驿站"为载体的学生活动实践平台，但如何将实践活动与学生的自育自学相结合，进而融入社会主义核心价值观教育，使之以课程的方式落地生根，成为我校积极探索的新方向。

过 程

> 一瓶水，一小站，"诚信"在"问题"中萌芽

夏日炎炎，想喝一瓶冰水怎么办？

"去买呀。去迟了可就买不到了！"

"就是！小卖部离教室远，课间时间有限，去买的人一多，可能水没买到，上课却迟到了！"

"我要是小卖部老板，就单独给水设一个专柜，让顾客自己投币取水。省时又省力。"

"说得容易！拿了水不给钱，怎么办？"

"反正我是不会拿水不给钱的。你给我方便，我也不会辜负你的一番好意。"

"我想也是。用诚信换便利，学校一定会支持的。"

"诚信小站"就在这样的对话之后建立了起来。

草创的"小站"非常简单，除了水就是一台冰柜和一个投币箱。运作方式只有"取水""投币"两个步骤。没人监督，没人巡查，靠的是学生的自觉。而这样一个简陋的"小站"却在学生的诚信的滋养下茁壮成长了起来。

学生有话说：每当我从冰柜中取出矿泉水时，我总要立即将相应的钱投入投币箱，似乎非要听到那一声清脆的金属撞击声，心里才会舒坦些。从点滴做起，从小处做起。我想只要我们将诚信这个概念深深印刻在脑海里，那么无论今后身处何处，诚信都将永远不离不弃。

教师有话说：尽管首日就出现了 1.5 元的亏损，但是一周下来的总盈亏却持平了。这是个好现象，学生们正在用实际行动保护自己的"小站"，呵护自己的诚信。

媒体有话说：在温州市第五十八中学校园里，有一个"诚信小站"（见图 3.8），由学生社团自主管理。学生买水的过程无人监管，靠的是个人诚信。每瓶水需投币 1.5 元，而这 1.5 元不单单是人民币，更是同学的诚信和担当。而今，诚信也已经成为学生们自觉去维护的一个信念。

"诚信小站"源于学生的自我需求，发端于学生的自主管理，成型于学生的自觉要求，发展提升于学生的自我反省，成为我校社会主义核心价值观教育的重要实践平台。

图 3.8　无人售水"诚信小站"

小驿站，大作为，"诚信"向"爱心、环保"蔓延

诚信的滋润使"小站"日益壮大，而账本上的结余款也愈来愈多。那么，该怎么使用这些结余款呢？

"有钱了，大家吃一顿呀！我们搬运这些水也很辛苦的！"

"吃一顿是不错，可是这些钱都是同学们用'诚信'换来的呀！只是拿来填肚子，多没意义。"

"这钱不能拿来填肚子，我们一定要把它用在更有意义的地方。"

"就是。'诚信'只是开始，我们要用这些钱把我们的'小站'做大做强。"

"我们可以拿这些钱去献爱心。"

"我们也可以拿这些钱去买书，开展图书漂流活动。"

"我们还可以回收空瓶，既能增加结余，还能环保。"

……

方向找对了，思路也就清晰了。"小站"开启了全新的蜕变——"诚信"开始向"爱心、环保"蔓延。

我们将"诚信小站"升级为"幸福小驿站"，在保留了原有的"自助投币，奉献爱心"的诚信爱心环保水站外，增设了"以书换书，共享阅读"的诚信爱心环保书吧、"共享爱心伞，归还惠他人"的诚信爱心环保伞点和"劳动教育，幸福成长"的诚信爱心环保农场。至此，以"幸福小驿站"为载体的学生社会主义核心价值观自育自学活动实践平台初具规模。

挂牌仪式 1： 2017 年 9 月 18 日 7 时，我校诚信爱心环保驿站成立了（见图 3.9）。驿站秉持诚信知报、克己奉公的理念，将在继续建设和发展的过程中，不断将服务范围和影响力由校园扩展到社会。

挂牌仪式 2： 以爱己之心爱人，律人之心律己。2021 年 3 月 1 日 7 时，我校社会主义核心价值观"学生自育自学活动中心"正式挂牌成立（见图3.9）。学生代表以情境展示的方式，生动细致地讲解了"幸福小驿站"四大站点——水站、书吧、伞点和农场的使用规范。

图 3.9　诚信爱心环保驿站成立，"学生自育自学活动中心"挂牌成立

志愿化，课程化，价值观教育向学校教育的更深处漫溯

"幸福小驿站"的设立具有里程碑意义，但是打江山容易守江山难，把江山治理好更是难上加难。

"我都高三了，没精力参与'小驿站'的活动了。"

"参与'小驿站'的总是那些人，怎么才能让所有的同学都参与进来呢？"

"'小驿站'的活动不合理，有时候一个月就有好几次活动，更多时候好几个月都没有一次活动。"

"学校的值周班活动很是鸡肋，如果让值周班来主持开展'小驿站'活动，不就能让所有的同学都参与进来了吗？"

"每学期我们都要开展志愿活动，为什么不能在'小驿站'里开展呢？平日里没时间，现在有了值周时间，刚好可以呀！"

"对呀，远亲不如近邻，从服务同学开始来服务社会，'小驿站'最适合不过了。"

从学校和学生的实际出发，"幸福小驿站"在整合中走出了自己的特色品牌之路（见图 3.10）。

图 3.10 特色自育自学活动实践平台——"幸福小驿站"

从"小站"到"驿站",从"诚信"到"诚信、爱心、环保",我们逐步构建了以"四站点"(水站、书吧、伞点、农场)和"一课程"(幸福主题周活动课程)为主体的具有学校特色的社会主义核心价值观自育自学活动实践平台——"幸福小驿站"。

反　思

经过十多年的实践与改进,以"幸福小驿站"为载体的学生实践平台已成为我校学生社会主义核心价值观自育自学的实践基地。在这个过程中,价值观教育因为"四站点""一课程"的推进而落地生根,成为我校的特色德育实践。"一瓶水"引发的诚信故事,同步引发了我校德育工作的转型与变革。

1. 体验式:让价值观教育更有深度

"口渴了买水,下雨了打伞",这些都是学生真实的校园生活场景,而将这些生活化的场景整合提升为学校的德育实践平台,无疑是握住了打开有效德育的金钥匙。"幸福小驿站"贴近学生的生活经历,让学生在真实的生活实践中获得真切的成长体验,提高了学校育人的效率,增强了学校育人的效果。

体验式生活化的价值观学习,能使学生完完全全地参与学习过程,使学生真正成为学习的主角,促使学生在动态的感性实践中,增强对生命历程的感悟,进而帮助学校走出传统"灌输"育人模式的束缚,沿着良性循环的轨道得到更高、更好、更快的发展,让价值观教育更有深度。

2. 自育式：让价值观教育更有高度

学生作为德育的主体，实现其主动发展和自主发展是德育成功的关键。

"幸福小驿站"是学生"自我参与""自我体验""自我管理""自我负责"的自育自学的实践平台。这是一种"见识教育"，即先"见"后"识"；这是一种先"参与""体验""亲历""看见"，再生成"感知""认识""知识"的教育形态。它能引导学生在身心参与、深度体验的过程中，学会自主、自觉、自理、自立、自强，学会自我负责、自我成长、自我创造，学会以自己的力量来参与、融入社会实践，最终实现社会主义核心价值观教育真正的内化于心、外化于行。

这种"自我教育，自我学习"的育人模式是一个融"知、情、意、行"为一体的内化系统，能培养学生用心灵去体验事物的能力，并让学生在不断的反思中达到一种情感和理性的升华，从而让价值观教育更有高度。

3. 志愿化：让价值观教育更有温度

依托"幸福小驿站"，学校实现了德育实践的志愿化；而志愿化的价值观教育让学生更加温情，让学校变得温馨，让社会充满温暖。

在校内，"幸福小驿站"设置水站、书吧、伞点、农场，方便师生的日常生活，提供触手可及的志愿服务，让幸福温暖之光遍洒校园。在校外，设置幸福流动站，"幸福小驿站"在继续建设和发展的过程中，不断将服务范围和影响力由校园扩展到社会。

德育实践的志愿化，让更多学生体会到了人与人之间互帮互助、共同进步的美妙，促进了"幸福小驿站"的和谐运转与社会主义核心价值观的积极宣扬，让价值观教育更有温度。

4. 课程化：让价值观教育更有厚度

德育课程化建设，可以通过精心设计的实践载体，用科学的方法和途径提升德育实践的价值，保障德育实践的有序开展。从形式单一的"诚信小站"到内涵丰富的"幸福小驿站"，再到"幸福小驿站"从成形走向成熟，课程化成了必由之路。

幸福主题周活动课程以社会主义核心价值观为主题，结合志愿服务、实践研学、传统佳节、班级特色等内容，依托"幸福小驿站"开展实践育人活动。幸福主题周活动课程由幸福主题晨会、幸福团日研学、幸福驿站服务（水站、书吧、伞站、农场）、幸福特色活动、幸福实践展示五部分组成，每部分计 1 学分，共计 5 学分。两学年内每个学生将参与 6 次幸福主题周活动课程，全部完成，可修满 30 学分。同时，"幸福小驿站"通过"幸福币"的设置开展多元评价。

价值观教育的课程化，实现了价值观教育在课程中的知行合一，进而在课程的知行合一中，实现学生对社会主义核心价值观的理解和深化，让价值观教育更有厚度。

（温州市第五十八中学　曾书怀）

"WE CAN"：志愿实践中的行动与力量

背 景

2013年，温州外国语学校（以下简称"温外"）构想把志愿实践活动作为学校德育的一种新模式，把原来班级自发的、零星的实践活动进行统一规划，由团委学生会负责组织、引领、评价，把全体学生纳进德育实践中。就这样，"WE CAN"志愿小站诞生了。小站意在通过志愿服务行动，鼓励学生积极走入社会、了解社会、融入社会。温外志愿者希望用自己小小的爱与力量去浇筑志愿梦想，主动去关爱和帮助更多的人，积极改善世界。其中"WE"既是将所有志愿者看成一个团体，也包含所有人同处一个社会、一个国家、一个世界的意思；"CAN"则表达了温外志愿者"让世界更美好"的信念、行动与力量。

过 程

校园志愿服务

在每学年的开学第一天，学校都会迎来一批新鲜的面孔，刚毕业的小学生们带着好奇心来到中学。如何让这些小同学们尽快熟悉校园，克服进入中学的焦虑？我校每学年的"温外欢迎你"志愿活动很好地化解了这一问题。学校在校内设置了固定志愿服务项目，初二的学长学姐们充当起了志愿者，这一志愿服务项目非常受新生的欢迎。"现在我们来到的是学校体育馆，学校有很多专业的场馆，喜欢打球的男生有福了！"初二的学长有些自豪地告诉初一的新生们，看到新生们的兴奋表情，志愿者们介绍的声音也不自觉地提高了。这次志愿活动结束之后，许多初二的学生说："在给学弟学妹介绍学校的过程中，我对我们学校有了更多的自豪感，我有义务给他们展现我们学校的风采！"

学生主要在校园中学习生活，因此培养学生的志愿服务意识更要从学校日常生活入手，让学生可以随时根据自己的时间安排，参与到志愿活动中。学校根据志愿活动时长设立了长、中、短期三级志愿服务岗。例如，"校园文明志愿管理员""绿化保洁志愿者"这些长期志愿服务岗蕴含了"文明"价值观；"校园督察员""校门口礼仪岗"等中期志愿服务岗蕴含着"和谐"价值观；"学校运动会志愿者"等短期志愿服务岗充分发挥学生在校自治精神，体现了"民主"价值观。让志愿服务的形式从集体组织转变为个人自发，由集中向分散转变，实现志愿服务日常化，引导学生随时随地进行志愿服务，让志愿服务真正融入学生生活，形成价值自觉、文化自觉和行动自觉。

了解社会发展

在学校周围，四处可见热火朝天的工地现场，瓯江口每一天都发生着变化。在学校，学生还会有些抱怨的声音："工地的声音有点吵。为什么每天都有轰隆隆的机器声音？"2019年暑假，初二一个班级的学生到瓯江北口大桥开展志愿活动。孩子们走访了瓯江北口大桥工地，当孩子们戴上安全帽，深入工地，听到工人叔叔那兴奋又激昂的介绍，才真切地了解到"这是作为交通运输首批绿色公路示范项目中唯一的一个桥梁工程"。理解了工人叔叔阿姨辛勤的工作和匠心的呵护，学生甚至发出了"虽然还在建造，但却在这局部震撼中，我们以未来之眼构想 2022 年壮观场面"的感叹。

价值观教育旨在形成青少年正确的价值观，培养他们的价值理性，丰富他们的价值情感，并帮助他们将价值信念与日常生活有机结合。学生们走出校园，改变周围的环境，关心公共事务，站在一个公民的角度对社会道德问题提出积极建议，而且引导学生自己去关注社会，发现问题，进而提出建议。建设的工地平时难以引起学生的注意，似乎已经司空见惯。但当学生走进温州规划展示馆，品读温州的昨天、今天和明天；来到市域铁路 S1 线永强站拆迁安置房工程现场，认识到城市发展交通先行的重要性，才明白了一个交通工程背后的复杂。当身处城市的建设中，参与到城市的规划中，许多班级的学生对社会有了一个全新的认识，感受到了城市的进步，也明白了"富强"是劳动者的汗水换来的。

参与抗疫行动

2020 年全国抗击新冠肺炎疫情，学生们居家隔离时，在新闻中看到那些处置医疗废物运输物的清洁工们没有足够的口罩和防护措施。"这些清洁工们是社会的弱势群体，谁来保障他们的安全呢？"团委学生们自发组织发起倡议："一方有难，八方支援。对于祖国的需要，他们无私地冲向了自己的岗位，当他们需要我们的时候，作为温州外国语学校的一名学生，我们也应该贡献出自己的一分力量！"广播室的学生们创作了诗歌《战"疫"》，并进行音频录制剪辑，表达对早日战胜新冠肺炎的期待，同学们写下"致敬生命的摆渡人，致敬英雄！感谢有你！"等诚挚的祝福，表达了崇高的敬意。在这次活动中，每一个学生都是参与者，他们说："看到英雄在前线为国而战，为我们大众百姓而战，他们为我们冒险。我们以这种方式为他们送上敬意与关爱，感觉有了一份成就感，希望以后自己也要勇敢！"涓涓细流可以汇成浩瀚大海，点点爱心可以凝聚成爱的洪流。

在志愿活动中，学生主动走入社会，展现行动和力量，学生主导问题的解决，实现从行为到价值观的改变再到行为的迭代。这些活动尽管不是重大的行为，但是小爱聚大义，在这些活动中学生们明白了要对行动负责，对社会负责，要把个人责任与实现"中国梦"的共同理想结合起来，为中华民族的伟大复兴贡献自己的力量。一次次志愿活动，为学生树立正确的世界观、人生观、价值观创造了良好的环境，有利于学生自我教育、传播社会正能量。通过志愿服务，中学生能够在构建社会主义和谐社会中充分发挥自身的青春活力和生命力，用具体的行动践行社会主义核心价值观，提升社会责任感，这是"WE CAN"的行动体现。

反　思

1. 志愿小站，行动不"小"

志愿小站既有校园活动，又有社会活动，还有国际交流活动。在校内，学生积极利用空余时间做自己力所能及的事。例如，帮助值日老师进行食堂秩序的管理、清扫学校功能室等，实现志愿服务日常化，将其融入每个学生的生活。校外的志愿活动则涉及企业、工地、社区、村落、街道、协会、医院、书屋、博物馆、法院等各行各业各部门，打开了学生的视野，拉近了学生与社会的距离。例如，"小小导医在行动""合唱快闪活动""外语引导介绍"等特色志愿服务。在 2020 年的疫情中，我校志愿者着手捐资捐物，共同驰援温州的友好城市德国吉森市，践行"同舟共济、守望相助"人类命运共同体精神。

2. 志愿小站，感悟不"小"

德育工作需要创设学生既熟悉又陌生的情境，太熟悉的环境不能引起学生足够的兴趣，太陌生的环境虽有吸引力但难以引起情感的共鸣。我们发现既熟悉又陌生的情境往往有较高活动价值。还是以走进瓯江北口大桥开展志愿活动为例，当孩子们戴上安全帽，深入工地，学生不禁发出"虽然还在建造，但却在这局部震撼中，我们以未来之眼构想 2022 年壮观场面"的感叹。这样一天的实践活动下来，孩子们实地感受到并领略了桥梁之美、桥梁之韵，这是知识性的；零距离地感受到了温州地区的发展，这是"爱国"的家乡教育；感受到了工人叔叔阿姨的不易和艰辛，但他们甘之如饴，并为自己的工作骄傲和自豪，体悟到"敬业"价值观的可贵……。这些对孩子知识架构、情感认知的冲击是丰富具象而有力的。

3. 志愿小站，价值不"小"

志愿服务体现自我价值，是适合当代学生的一种自我教育方式。要开展活动，事先要联系有关单位与个人，这锻炼了学生的人际交往、口语表达、组织协调等能力。实践活动结束后，学生在第一时间里写出志愿活动报告，这不仅是锻炼写作能力，同时也升华了情感。更重要的是，通过志愿小站，我们能将社会主义核心价值观的抽象概念转化为学生真实的实践体验。有学生在报告中这样写道："无论是在企业、单位，还是在班级里，每一个团队都应该团结一心，拧成一股绳，趁着青春年华，奋发图强，为实现中华民族伟大复兴而奋斗是人生难得的机遇。同学们应该珍惜这个伟大时代，做新时代的奋斗者。"在实践中，学生做有所思、学有所成，我们欣喜地看到学生的成长与蜕变。学生在融入社会、为他人服务的过程能直接感受到自己的价值，能体会付出的可贵和不易，这种亲历的感受和体验会引导他们进行自我教育与反思。道德源于实践生活，社会实践是德育的生长点，离开实践的志愿活动教育会成为无水之源。学生在一次次走进社会的志愿活动中，主动去发现，主动去改变，主动去解决问题，这也是"WE CAN"志愿小站建立的初衷："我能行！我能去改变！我对这个社会有价值！"

（温州外国语学校　林宁）

文化育人篇

文化是国家和民族的灵魂，是一种影响和力量，是一种信念和方向，是一种凝聚的灵魂和血脉。以文化育人不是一种有形知识的灌输，而是以优秀的传统文化、地域文化为载体向学生的思想注入进取、责任、宽容、感恩、良知、谦虚、勇敢等美德，以此引导正确的价值取向，并潜移默化地浸润学生的灵魂和精神，其终极目标在于让社会主义核心价值观在学生心中生根发芽。

本篇的6个价值观教育案例，在文化育人的内容与方法上做了不同程度的探索。有对岳飞精忠报国思想、民俗节日与古典诗词等优秀传统文化的传承，也有对新时代追求卓越、守正出新、富于创造、大气包容、美美与共、奋斗奋进等地方文化的探索，使"诚信""爱国""富强"等价值观教育接地气、看得见、用得到。老师带领学生行走于历史文化街区、博物馆，探索现代温商文化、鞋文化，开展经典文化剧目的再编自演，引导学生从讲先贤故事到讲身边故事……，在重温历史文化中，唤醒镌刻在血脉里的文化基因。榜样示范法、活动体验法、价值澄清法、案例讨论法、角色扮演法、环境熏陶法等价值观教育的方法在这些案例中都得到了有效运用。

三画国旗，树爱国文化

背　景

　　2021年正值中国共产党成立100周年，新修正的《中华人民共和国国旗法》也于2021年1月1日起正式实施。这百年一遇的特殊历史时刻，正是增强学生爱国情怀的良好契机。五星红旗是中华人民共和国的象征和标志，它的大小标准、图案设计都有严格的规定。而五星红旗的设计者曾联松正是温州瑞安人。2019年，在中华人民共和国成立70周年之际，温州瑞安建成了首家综合性国旗教育基地——国旗教育馆。

　　国旗的设计背后蕴藏着浓浓的爱国之情，这份情感需要经历理性的思考，才能积淀成深刻的认知。作为一名数学老师，我产生了在小学开展一次国旗绘制活动的想法。但绘制一面标准的国旗，并让学生深切地体会到国旗背后丰厚的历史文化，显然不是在教室内就能完成的。由此我想到文化育人的途径，以"如何画一面标准的国旗"为驱动性问题，引导学生开展一次文化研学活动。教材中没有教，我们就小组一起探究；收集的资料不够，我们就一起去国旗教育馆找答案。一项具有浓浓爱国主义教育意义的小学文化研学活动就这样开始了。

过　程

　　整个研学活动，学生们共经历了三次国旗绘制实践活动。从初实践的首次尝试（一画国旗），到再实践的方法提升（二画国旗），再到三实践的总结归纳（三画国旗），学生的学习在三次实践活动中迭代更新。学习任务设计总框架如图 4.1 所示。

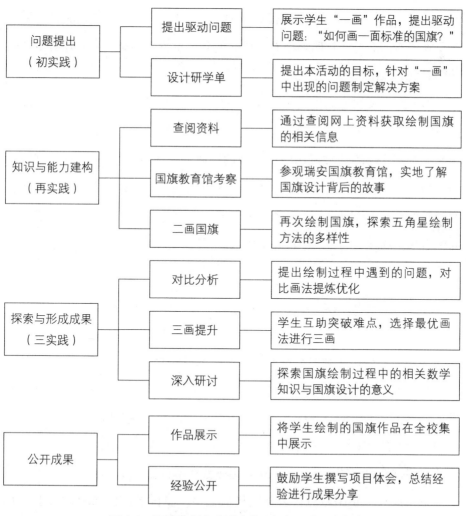

图 4.1　国旗绘制实践活动学习任务设计总框架

初实践——确定目标，开启研学之旅

为了了解学生们对于国旗的认识，我们提前一天让学生先画一面自己印象中的国旗。此时学生可能会查阅资料、请教家长，画一面标准的国旗；也可能不加思考研究，直接在白纸上画国旗，等等。第二天，我收齐了学生们画的国旗。结果发现只有 3 名同学画得还可以，五角星本身画得比较标准，但是四颗小五角星的一个角尖没有朝向大五角星的中心点；有 33 名同学五角星画得不标准，并且四颗小五角星的朝向及位置不准确，甚至还有 1 名同学将五颗星画在旗面的右上角。

学生经常参加升旗仪式，在美术课上也画过国旗，怎么会画不出标准的国旗呢？通过展示评价，学生终于意识到从数学视角画国旗的重要性。不利用数学知识，是不可能画出一面标准的国旗的。通过"一画"，真正驱动了绘制标准国旗的动机。学生提出了各种研究问题：国旗设计者是谁？什么时候设计的？在哪设计的？为什么这样设计？怎样才能画得标准？……绘制国旗的研学活动在"问题"中拉开了帷幕。

再实践——参观活动，感受文化的厚重

那么，怎样才能画出标准的国旗呢？我开始组织学生分组设计研学单，并鼓励学生课后查阅资料、小组讨论。纸上得来终觉浅，这样的自学活动固然能充分调动学生的自主探究能力，但是由于没有亲身经历国旗设计的那段历史，学生的体验终究只是局限于画国旗本身。为此，我决定带着学生去全国首家综合性国旗教育基地——瑞安国旗教育馆感受那段过往。

温州瑞安，是国旗设计者曾联松的家乡。全国首家国旗教育馆于 2019年国庆前夕正式开馆。该馆坐落在瑞安西山之巅，以巨幅五星红旗为造型，

整体设计气势恢宏。

在国旗教育馆讲解员的分享中，学生们了解了国旗的诞生、国旗的知识以及国旗设计等诸多信息。大家纷纷拿起笔，将了解到的信息记录在研学单上。在参观的过程中，学生频频发出惊呼：原来曾联松爷爷设计的初稿并不是现在这样的！原来我们的国旗有多种不同的规格！原来……。此刻，爱国主义情怀回荡在每个学生的心间。有了国旗教育馆的知识补充，大家重新拿起笔，在国旗教育馆门口再次实践绘制国旗。

学生们或站在画板前或席地而坐，借助尺子打格子，借助圆规画圆，借助量角器找点画角，他们认真专注的样子很像小小数学家。我关注着每一个学生的绘制过程，时不时和他们探讨绘制的方法。

五角星的画法作为学习的难点，学生们的掌握程度各不相同。由于学习到的画法不同，学生们画国旗的速度、准确度差异很大。因此我带领学生进行展示交流，让学生相互学习，借鉴他人的画法，寻找适合自己的最优方法，从而突破难点。

有了二次实践的经验，最终有十几个学生能够正确绘制国旗。瑞安国旗教育馆的研学不仅提高了他们的思维能力，而且让他们回顾了中华民族的发展历史，增强了学生的爱国主义情怀。

三实践——渗透人文，升华爱国之情

紧接着第二站，我们来到了中国微分几何学派创始人苏步青先生的故居——温州市平阳县腾蛟镇，参观苏步青励志教育馆。孩子们了解了苏步青先生对数学发展做出的卓越贡献，了解了其集诗性和理性于一身的人生经历。每个学生都感受颇深，对苏步青先生有了更深的敬佩、崇拜之情，带着这样的心情，孩子们一起来到了报告厅三画国旗。

我重新对参与研学活动的同学进行了分组，每三人一组，其中两人为"二画"成功的同学，让他们担任参与"三画"同学的小老师，共同完成标准国旗的绘制。经过一个多小时，终于让每一个同学都有了成功的体验，尤其是参与"三画"的同学。陈同学说："绘制标准国旗可以说是困难重重，一个不小心就会画错。我以前可不知道绘制国旗这么难，里面居然隐藏着这么多数学几何问题，这回我才真正体验到了绘制国旗的难度啊！"

　　接着我播放了《致敬五星红旗》一书中曾联松先生设计国旗的音频故事，虽然只有短短 5 分钟，但孩子们的理性探究已悄然转化为感性思考，国旗背后的人文精神加速了对孩子们品格的塑造。悠悠研学之声，浓浓爱国之情，参与研学的同学写下了自己的感想。

　　侯同学说："以前，我以为国旗只是一面五星红旗而已，但参加了研学活动之后，我发现，一面旗帜背后竟然有那么多学问，那么多奥妙。我心中的五星红旗更加鲜活也更加庄严了。"

　　宋同学说："我凝望着眼前我一笔一笔画出的国旗，明白了国旗的珍贵。国旗是多么来之不易啊！我眼前仿佛呈现出旧时中国的满目疮痍……。作为一名少先队员，我们更应该奋勇拼搏，努力前行，传扬党的精神！这次画国旗的经历让我刻骨铭心！"

　　叶同学说："一画国旗，简单，真简单！二画国旗，难，真难！三画国旗，妙，真妙！看着自己画的五星红旗，我心底感到无比自豪！'五星红旗迎风飘扬，胜利歌声多么响亮……'的歌声在我的脑海中回荡，让我们一起歌唱我们亲爱的祖国！"

　　……

反 思

1. 在严谨的学科教学中孕育爱国主义情怀

学校是进行未成年人爱国主义教育的主阵地，但往往是由思想品德课、班队活动课等价值观培养课程来承担，且局限于班级、学校范围，因此存在体验不足、内化困难的问题。本次研学让我们找到学科教学与爱国主义教育有机融合的新方向：学生们走出校门，带着数学问题在国旗教育馆亲身体验国旗设计的过程，真正明白了五星红旗的意义。整个学习过程，以数学学科的视角为切口，在实践活动中让理性思维与感性的爱国主义教育相得益彰，迸发出更深远、更具魅力的教育意义。

2. 在深厚的地方历史文化中感受爱国主义情怀

地方历史文化是先辈们智慧的沉淀，也是价值观教育最好的教材。本次研学实践活动中，我们巧妙地结合了瑞安国旗教育馆和苏步青励志教育馆的参观活动，让学生在追求知识的同时，亲身体验国旗设计的历史和苏步青在数学领域的伟大贡献。过程中，我们以制作研学单的方式，有效调动起了学生学习的积极性，明确了学习目标，让学生在听、说、读、写中吸收地方历史文化，增强爱国主义情怀。以文化馆为价值观构建载体的研学方式，让价值观教育更加生动、形象。

3. 在充分的实践体验中迸发爱国主义情怀

本次研学是在一个开放的实践活动中进行的。教师并非刻板地去教授关于国旗的相关知识，而是引导学生去绘制国旗，在反复实践中感悟国旗设计

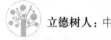

的真谛。一画国旗，让学生发现问题，提出问题；二画国旗，让学生体验国旗设计的历史；三画国旗，让学生感受国旗背后的人文故事。学生每画一次国旗，对于国旗的理解就更进一分，爱国主义情怀在实践中孕育、迸发。

（温州大学城附属学校　陈加仓　伍渊泼）

一场关于岳飞的"课堂演义"

背 景

    从学校食堂至教学楼的必经之路上有一堵墙,上面刚画了岳飞的画像并写上了他的词《满江红》。饭后的时光对于师生来说是惬意放松的,那天,我碰巧跟在几个男生后面,听他们谈起了岳飞。

    男生1:这是谁?这首词讲什么?是考试必背的古诗词吗?

    男生2:智商呢?岳飞都不认识,他是南宋大英雄,抵抗金兵,最后还被宋朝皇帝和丞相害死,被冤死的……

    男生3:对,老师上课时好像也讲过这么一个人,貌似他是被"莫须有"的罪名坑死的。

    男生4:是呀,我看过连续剧《精忠岳飞》。岳飞只知一心抗金,与皇帝的意愿背道而驰都不知道,太傻了,还连累儿子也被杀了……

    跟在后面的我震惊了,我们一直所尊崇的爱国英雄岳飞怎么就"傻"了?我是不是该做些什么……

过　程

第一次班会课

我决定从引导学生去了解岳飞入手，于是在班级里布置了以"岳飞的选择是傻吗？"为主题的班会课前置作业，全班分为五组，通过各种途径收集有关岳飞的资料，如史书、电视剧、网络、评书。围绕"岳飞的选择是傻吗？"展开思考。

学生自主学习一周后，召开主题班会。我制作了军营背景的课件，播放《满江红》音乐，营造氛围。但是，课堂出现了以下场景。

师：你们了解《满江红》吗？老师摘录了几句，请推荐一个同学上台朗诵。

刘同学：靖康耻，犹未雪。臣子恨，何时灭……（刘同学慷慨激昂，肢体语言很令人振奋）

项同学（突然恶作剧叫起来）：将军，机不可失、失不再来，那还朗诵什么诗呀？打呀！（全班哄堂大笑）

涂同学：皇帝下了十二道金牌，要求岳飞班师回朝，不准再打了，皇帝担心他会谋反。

项同学（又恶作剧了，模仿太监的声音叫起来）：报，圣上金牌到，岳飞马上回京。（全班又哄堂大笑）

……

此情此景，我意识到主题班会课导入失败了。因为大部分学生对《满江红》不熟悉，对岳飞的了解也局限于各种文字描述和影视作品，根本没有真实的情感体验和感悟，但我也看到了学生们的表演潜力。于是，我有了大胆的设想：何不因材施教，以直观的情景剧形式来达成这次主题班会课的教育目标？

第二次班会课

我将全班学生分为五组准备表演《岳飞请战》，要求学生在组内分享收集的材料，结合历史背景和自己的看法，以对岳飞的认识自创小剧本。创作时间为十五分钟，由刘同学演岳飞，项同学演侍卫，其他角色由学生毛遂自荐。创作过程中，我到各组给予必要的指导与引导。四名被选的学生在这节班会课上根据不同的剧本演了三次，但演出效果不好，因为第一组的剧本主题偏离，第二组的剧本台词文言文表达过于滑稽，第三组的剧本台词基本是白话，导致演员、观众均笑场。我和同学们再次筛选各组自创作品中的优秀台词，集体创作了一个新剧本。我还充任了旁白的角色。

有了精改后的剧本，演出有了很大改观，学生不再笑场，更没有人恶作剧。于是，我顺势引导学生思考讨论："岳飞的选择是傻吗？"课堂上生成如下对话：

生1：国难当头，很多权贵想着如何苟且偷生，过着醉生梦死的生活，还有些败类甚至卖国求荣，大发国难财，可岳飞坚守爱国之心，他心里牵挂的是老百姓和国家，国家有难，匹夫有责，他是有责任和担当的。

生2：岳飞不但武艺超群，更有超强的用兵战略。他率领英勇善战的岳家军，驰骋抗金前线，让金人闻风丧胆，获得多次大捷。所以，岳飞不傻，他坚持进军不求和是有打赢的底气，不是莽夫。

生3：岳飞满腔热血，可昏庸的皇帝为难他、折磨他。即使这样，也没有浇灭他赤诚的爱国之心，他的爱国之情感动了我们。

师：你们的情景剧把历史人物拉进了课堂，让我们了解了岳飞胸怀大志、精忠报国的赤诚之心。如果我们用一种社会主义核心价值观去评价他，你们觉得岳飞身上最优秀的品质是什么呢？

生：爱国！

师：是呀，中华民族之所以屹立不倒，正是因为这种强烈的以爱国为核心的民族精神的传承。回顾情景剧，爱国，我们首先要做到哪几点？

生：要有责任、担当意识，当国家有需要时，我们义不容辞。

生：爱国，得有牺牲精神，有时得牺牲个人与家庭利益。

生：爱国不是莽干，要学好本领，时刻准备着报效祖国；爱国，得有忠诚正直的品性，要坚守初心……

此时，一位学生还是忍不住站起来说：岳飞爱国我现在赞同了，可他"忠君"太傻了。他可以直接跟皇帝说："我不干了，辞官回家。"

另一学生也站起来说：对，士可杀不可辱，反正回京是白白送死，不如不听皇帝的，只管进攻。真傻，战死不比被冤死好呀！

听了两位同学的话，一些同学纷纷附和……

此时接近下课了，我便顺势布置了下周的作业，编排情景剧第二幕《金殿蒙冤》。一周时间里，学生忙得不亦乐乎，有去图书馆找资料的，有向语文老师、历史老师求教的，还有同学去小区向老人咨询温州鼓词《说岳全传》。小组写的剧本陆续交到我这里，我进行修改润色。

第三次班会课

第三次主题班会课上情景剧又开演了。看，"岳飞"在金殿慷慨陈词、正气凛然地谴责秦桧的卖国行径。这一身正气令学生热血沸腾。听，"岳飞"委曲求全，哀求宋高宗以社稷为重，救百姓于水火。那悲愤凄凉的声音让很多学生流泪。秦桧的奸诈无耻令学生们咬牙切齿，宋高宗的犹豫和虚伪让学生拍案而起。全班静悄悄的，我心情沉重地提出了同一个问题："岳飞的选择是傻吗？"学生纷纷站起来表达观点。

生1：岳飞心中装有黎民百姓和大宋的社稷江山，他若不听皇帝的命令，皇帝肯定会发兵过来讨伐的，到时鹬蚌相争，金国得利，老百姓更遭殃了。为了大局着想，他宁愿牺牲小我，成就大我，国家利益至上。

生2：岳飞不傻！他无怨无悔。骄傲面对刽子手，为了正义而舍身报国，那是英勇就义。

生3：爱国就得有坚定的爱国立场，至死不渝。

生4：岳飞是英雄，现在我还联想到杨靖宇、刘胡兰等抗日英雄，中华民族不亡，就是因为有这些现代的"岳飞"。

师：说得好！造成岳飞蒙冤而死的应该是时代的局限和封建专制制度，老师很高兴听到你们发自肺腑的对他的评价，也证明了"岳飞魂——精忠报国"是中华民族的精神代表，是个人对自己祖国的深厚情感，也是调节个人与祖国关系的行为准则。岳飞的"救国梦"碎了，但爱国精神却值得我们去学习和发扬，让我们为实现中华民族伟大复兴的中国梦而努力奋斗！

这次班会课后，我依然布置了作业："下次若有机会去杭州，可以去拜谒一下岳王墓，进一步了解岳飞的爱国情怀。"不料，有一些去过岳王墓的孩子自发地编了情景剧的第三幕，从而把主题班会课延伸到了课外。

反 思

意外的一次尝试，我以情景剧为载体，让传统文化进入班会课堂。我认为这种教育方式新鲜、有效。情景剧形象生动、声情并茂，青少年更容易接受剧中传递的教育内容，这比单纯从课本上、新闻上学习的教育方式效果更明显。

1. 尝试引入情景剧，挖掘优秀传统文化的时代价值

对于岳飞的不同评价其实体现了学生的不同价值观。如何让遥远的英雄岳飞走进课堂，并在课堂活动中浸入教育的因子——爱国，我引入情景剧来挖掘优秀传统文化的时代价值。

学生在情景剧创作、排练和完善的过程中，不断学习传统文化，逐步明白道理、分清是非。所以情景剧演出的过程，也是学生价值观拨正的过程。由认为岳飞的选择是"傻"到认为岳飞是"英雄"，由课堂"哄堂大笑"到"默默擦泪"，演员与观众都心潮澎湃，既敬仰岳飞的民族大义和爱国情怀，又惋惜岳飞的冤枉屈死，更痛恨封建君主制度的专制不公，并主动进一步思考"如果岳飞生活在当代会怎样"。社会主义核心价值观教育潜移默化地影响着学生，成为其成长过程中的营养和正能量。

2. 巧妙设计情景剧，坚持传统文化传承创新的统一

任何事物都有两面性，中华传统文化同样是精华与糟粕并存。岳飞是历史人物，他带有历史的局限性，他的言行举止也体现了他对儒家的三纲五常、等级制度、君主专制制度的尊崇，这直接导致在第一节班会课后，部分学生仍然认为岳飞的选择是"傻"。石中英教授认为，价值观的碰撞对于培养学生正确的价值观很有意义，有助于他们学会用正确的价值标准来看待他人、社会、人生以及自己的生活，从而形成自己坚定的信仰，培育健全的人文精神，学会过现代文明生活。所以要培养学生正确的价值观，对待传统文化进课堂，教师要做到取其精华、剔除糟粕，古为今用。案例中，我在替学生修改剧本时，机智消除了"忠君"的消极影响，大力宣扬"爱国"的积极影响，引导学生要传承"天下兴亡，匹夫有责"的爱国情操。在此基础上，我联系社会主义核心价值观教育，帮助学生树立报效祖国的决心。因为情景

剧具有可控性、体验性等特点，所以它是达成对优秀传统文化传承与创新统一的一个很好的载体。

3. 积极推广情景剧，增强家校与社会的文化自信

情景剧便捷、短小、直观、形象，内容与形式符合家长的认知水平，以这种喜闻乐见的形式传播传统文化，深受学生与家长的喜爱。录制完整的情景剧视频，通过微信群向家长推送，学生可在家中反复观看感悟，实现德育的长效功能；家长也可跟着情景剧视频悟家教促反思，实现学校、家庭的协同教育。这次的情景剧和主题班会课是我班师生原创，学生自己写剧本，自己演，自己导，自己制作，自己介绍。这样的德育素材具有真实性、生活性，接地气、好运用。在我区的全民读书节活动中，情景剧《精忠报国》还应区文化广电局的邀请向社会大众表演，获得了一致好评。这次尝试在实现德育的过程育人、活动育人的同时，不仅增强了家校沟通，还由此引入各种社会资源，拓展了社会德育的空间。

传统历史文化进班会课堂，班主任以情景剧为载体，点燃了孩子们的表演热情，给了他们广阔的舞台，孩子们从中获得对传统文化的切身体悟，体会到了历史英雄人物身上的优秀品质，并传导给家庭与社会。这样的德育方式喜闻乐见，事半功倍，润物无声。

（温州市龙湾区实验中学　王红霞）

走进故事里

背 景

2020年9月1日，温州市平阳县中心小学德育部门经过几天激烈讨论完成的"新生入学礼"方案被无情地否决，因为各中小学的入学礼公众号推文轰炸而来，其内容与我们的安排几近相同，特别是打卡校园各景点的模式，如出一辙。但卡已做，方案已出，相应的人员都已做好了充分的准备，怎么办？

平阳县中心小学（简称"平阳县小"）是一所有着119年历史的百年老校，从这里走出了苏步青、马星野、吴景荣、谢侠逊、姜立夫等知名校贤。原定的新生开学礼方案中的热门打卡校园景点活动，是由校园小导游为新生讲解校园文化，讲述百年历史，既然方案要调整，那么何不让小导游们把百年历史讲得更生动，让新生走进百年前的故事里呢？

过 程

场景一：新生入学时学长学姐讲先贤故事

2020年9月3日，在"卧牛山谣"碑前，六（7）班的杨同学正生动讲述着苏步青先生与平阳县小的渊源，以及他奋发图强、报效祖国的故事。一年级的小朋友们认真听着学姐讲故事，格外安静。有个男孩因为听到苏爷爷成了全世界最厉害的数学家之后回国时，不禁鼓起了掌，大喊："苏爷爷真棒！"带动了在场小朋友一起鼓掌。校贤长廊前，五（7）班温同学为新生一一介绍十大校贤。看到谢侠逊，好多学生自豪地说："我到过谢侠逊棋馆，谢侠逊是象棋高手，无人能敌！"听了谢侠逊的"弈棋不忘爱国，敲枰不忘兴邦"的故事后，学生们更加喜爱谢侠逊了。校影廊前，五（7）班陈同学正在介绍学校的百年历史，看到墙上那条绵延的"长河"，听着学长朗诵老校歌歌词，学生们不停发出惊叹。

场景二：学校景荣讲坛上讲故事

2021年3月17日下午，四年级正在体育馆的大舞台上举办"景荣讲坛"活动。3月，是我校开展"春天里的怀念——纪念苏步青爷爷"主题活动的月份。四（6）班围绕社会主义核心价值观的"爱国"，表演了校贤苏老的精彩片段。学生们从《滋兰九畹：平阳县中心小学校史文化读本》中选取了苏老"报效祖国""赤子之心""情牵桑梓"三个片段，真情演绎了苏老的爱国故事。杨同学把苏老果断回绝日本高薪聘请，带着妻子毅然回国的决心表演得淋漓尽致，那坚定的语气、毅然的神情，引得观众们拍手叫好。有学生说："我只知道苏爷爷是'东方第一几何学家'，却不知道还有这么多感人的故事，太让我佩服了！"

场景三：校园中学生自己的故事

2020年10月21日的运动会上，学生就运动会中关于文明、友善、公正的小故事进行了收集，以下是其中的两个小片段。

"我看着正要开始的比赛，突然发现一个小选手的鞋带松了，我很担心那个小选手在跑步的时候会摔倒受伤。还记得在我二年级的时候，也有一次因为踩到了鞋带，重重摔在地上……。我正担心着。只见他边上的对手见到他松散的鞋带，就蹲下去帮他系好，我的担心一下子化为乌有。"（体现同学

间"友善"的小故事）

"我看着眼前的校园，感到熟悉又陌生。不文明的行为总会被及时制止。你看，趴在窗台上的同学被老师给予了警告，看台上攀栏杆想进入赛场观看的小同学被督察队队员及时制止了，地上的营养补给品包装袋被路过的同学捡起丢进了垃圾桶中……"（体现"文明"的小故事）

我们会发现，学生们的眼睛真的很明亮，很会寻找身边的故事，很有"只要给他们个支点，他们真的就可以撬起整个地球"的意思，处处都是惊喜。

经过两年实践推进，"走进故事里"成为平阳县小价值观教育的模式，它既承载着校园的百年历史文化，又连接着当下新时代的风尚，从历史出发，从身边出发，立身于每一个具体的生活场景，领略每一个可感的动人故事，将社会主义核心价值观植入孩童心中，把平阳县小红色基因的传承写进新一代学生的心里，温润而泽，滋养萌发。

我们怎么带领学生"走进故事里"，让他们讲好故事呢？怎么将社会主义核心价值观的 12 个关键词呈现和落实呢？学校搭建了三个平台，提炼了三类故事，组织了三种呈现方式（见图 4.2），让社会主义核心价值观与学校文化相融合，引领学生的价值成长。

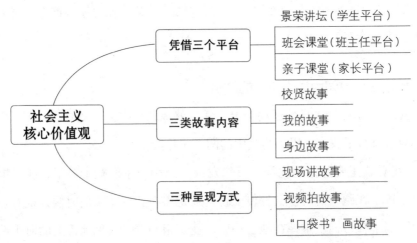

图 4.2　平阳县小"走进故事里"价值观教育路径

三个平台

景荣讲坛：学生讲故事。景荣讲坛是一个专门提供给学生分享探究成果的活动平台。学校校贤吴景荣，被誉为新中国"三大英语权威"之一，培养了大批外交、外语人才。我们搭建"景荣讲坛"，希望学生能够以吴景荣先生为榜样，像外交官一般会表达沟通。"景荣讲坛"可以是学生自发申请，以海报的形式发布公告，组织讲座与分享。"景荣讲坛"原先是班级组织探究活动后的班内分享，或是年段学习活动的分享、全校性讲座分享等，现在又多了一大功能，就是成为学生公开讲故事、分享故事、表演故事的舞台。

班会课堂：班主任讲故事。利用班会课，结合"温州核心价值观微课"和学校开发的核心价值观班会课，在课中给学生讲故事。

亲子课堂：家长讲故事。意在让家长进入课堂，给学生传授相关知识和技能，以弥补学校教育的缺失。我们发现家长的力量是无穷的，于是将社会主义核心价值观教育的内容融入亲子课堂，请家长讲社会主义核心价值观故事。

三类故事

校贤故事：学生通过参观校史馆、阅读校园文化读本《滋兰九畹：平阳县中心小学校史文化读本》、上网搜索，以及走访苏步青励志教育馆、谢侠逊纪念馆、姜立夫故居等，了解校贤故事，摘录、撰写能体现社会主义核心价值观的故事。比如，《您好，苏爷爷》《画一幅，诗一篇》《披荆斩棘，圆梦中华》都体现出了校贤的"爱国"之情。

我的故事：学生寻找自己身上闪现的能体现社会主义核心价值观的故事，撰写成文稿。比如，关于"敬业"，低年级的目标定位是"从身边的小事做起，努力做好每一件力所能及的事"；高年级的目标定位是"面对学习和工作上的困难，能够坚守岗位，排除万难，勇往直前"。"我的故事"内容精彩纷呈，如《我家的民主》《有商有量》《少算了五毛钱》……

身边故事：学生观察身边的同学、老师、家长及其他人，捕捉和编写他们身上发生的体现出社会主义核心价值观的故事。《敬业的清洁工》《钟南山》《文明代言人——我的奶奶》等都是学生们发现的生动的"身边故事"。

三种呈现

现场讲故事：每周一晨会时间，宣讲员讲述"敬业之星"和"文明之星"的故事，并进行隆重的颁奖仪式，树立榜样力量。班主任利用班会课讲述校贤、校园百年文化故事。"景荣讲坛"和"亲子课堂"每个学期开展活动一次，内容从有关 12 个社会主义核心价值观的素材中任意选择，各班分别展示。具体呈现上，有的以小品的形式解释了"诚信"和"法治"，有的以朗诵、舞蹈、演唱等方式演绎了"友善"；还有的以生动的课本剧《为中华之崛起而读书》诠释"爱国"。

视频拍故事：学生用手机或摄像机拍摄故事。有些选取了定点拍摄视频，有些以纪录片的方式拍摄，有些用访谈的形式进行录制。视频提交后，教师将其分门别类整理成学校课程资源，与温州市地方课程读本《后疫情时期中小学价值观教育 48 课》进行融合，比如，看完"自由""民主"相关的视频微课之后，再看看学生拍摄的有关"自由""民主"的视频故事。

"口袋书"画故事：许多学生都喜欢画画，一有空就喜欢拿笔画。利用学生的这种兴趣爱好，学校倡议学生画"口袋书"。每学习一节社会主义核心价值观课，完成课后实践的同时，把学到的内容和实践的内容以画的方式呈现出来。为了携带方便，也为了流通方便，学校提倡制作成"口袋书"，学生视若珍宝。

反 思

从古至今，故事最能启发人、教育人，也是最能让人追随、传承千古的文化传播形式。但要让故事成为校园育人的有效手段，还需要我们教育工作者积极挖掘故事资源，充分运用讲故事这一方式，引导学生化知为行。为了全面发挥和运用讲故事的教育力量，我们学校以文化育人为途径，以"三个平台""三类故事""三种呈现"为框架，对社会主义核心价值观教育的"落细""落小""落实"做了独特而有效的探索。

1. 借助学校百年文化资源，开启价值观传承之路

百年县小，滋兰九畹。119 年的历史，深藏着底蕴深厚的文化故事，从这里走出的苏步青、马星野、吴景荣、谢侠逊、姜立夫等知名校贤，人人都熠熠生辉。在这样一个有故事的校园里，如何利用百年文化资源滋润县小学子的心，让其中符合新时代的价值观重新得到传承？学校通过学姐学长讲校贤故事的方式，引导新生走入得天独厚的百年县小故事海里，极大地激发了新生对百年县小文化的好奇与向往之心。对于讲故事的学姐学长们来说，他们在学故事、讲故事的同时，不仅走入了县小的历史，走进了校贤的生活，更是将先贤们爱国的情操与敬业的执着深耕心中。他们在认真学习和自豪讲述故事的过程中，感悟先贤的精神，也磨砺了自己奋发向上的精神品质，他们在面对新生时的友好交流沟通方式，也让校园里增加了和谐、友善的文化氛围。

2. 探索校园历史文化故事，演绎价值观认同之情

内心认同才能自觉践行，春风化雨才能润物无声。一辈子追求教育理想

的刘绍宽先生为什么感人至深？毅然选择回国效力的苏步青为什么粉丝无数？因为他们的选择，击中了人们心中绷得最紧的那根弦。对价值观的认同不仅体现在理性认知上，也反映在情感认同上。而讲故事的魅力就在于避开了枯燥单一的说理，更符合小学生的认知规律与特点，在讲故事、拍故事、画故事活动的情理交融中，引导他们体味百年历史文化和校贤文化中的爱国奉献、敬业乐业、执着追求、锲而不舍等精神，使之无形中成为他们心灵的罗盘、情感的寄托。

3. 发现校园学习生活故事，构建价值观实践平台

传承不能仅仅只停留在先贤们的精神引领上，更重要的是接过先贤手中的接力棒，跟随他们的脚步，继续前行，打造属于新时代的精神世界，凝聚新时代的中国力量。如何引导学生在听故事、讲故事中，不仅是体悟先贤精神，更能把价值认知转化为价值实践呢？我们的一个创意设想是，继续以故事为切入点，引导学生讲自己的故事、讲身边同学的故事等，学会去感受和学习生活中的真、善、美，体验"友爱互助、自强不息、诚实守信"等价值观在日常学习生活中的实践内涵。

学校大队部由此推出了"CDS在行动"的校园活动，其中"C"代表文明（Civilization），"D"代表敬业（Dedication），"S"就是星星（Star）的意思。这个活动引导学生在校园里寻找和宣讲"文明"与"敬业"故事，主人公会被推荐为学校的"文明之星"和"敬业之星"。一篇篇报道、一个个来自同伴的榜样故事触动了很多学生。

（温州市平阳县中心小学　温茜茜）

在历史文化街区中
找寻青少年价值观的生长点

背 景

2018 年年底，温州市"五马—禅街"历史文化街区改造初步完成，浙江省温州市第八中学（简称"八中"）校园前重现了王木亭、雁池等昔日建筑，新建了科举试院展示馆、城区革命历史馆等场馆景观，引得市民纷纷前来参观，一时间，校门前广场上游人如织、络绎不绝。如何利用好既有的街区历史文化资源开展广大青少年学生的价值观教育，提升青少年价值观教育、思政教育的实效性，成为现阶段学校教育探索实践的重点。

过 程

场景一：触发思考的历史与社会课"气象万千"

最近，李老师为了教授历史与社会课"气象万千"中的季风问题可谓费尽了九牛二虎之力。可是，从学生的反馈来看，效果并没有那么理想。是知识点的讲授不够清晰吗？是课堂缺乏情境引导吗？是学生缺少分析训练吗？李老师一直在思考问题的症结所在。一天中午，她在校门口的科举试院展示馆中看到《周达观出使真腊图》后，突发奇想，何不把学生带到这个馆里来开展一次文化研学呢！于是，基于"周达观出使真腊与吴哥窟的故事"的研学活动开始了。学生们三五成群地走进科举试院展示馆、走进街区的城市书房，他们或是查找资料，或是分享见解。两周后的汇报会上，他们不仅厘清了吴哥文明的前世今生，更令人不可思议的是，竟然所有学生都津津乐道于周达观之所以选择了冬季出发，是因为来自西北方的冬季风对帆船的助力作用。令人挠头的季风知识在这个研学活动中不是必需品，但学生却愿意去探究，而且兴致盎然、乐此不疲。

场景二：别具一格的校本课程"从'五味和'看温州经商文化"

陈老师承接了七年级校本选修课程，她最初给出的课题是"温州经商文化与财商教育"。内容设计为通览温州商业历史，感受温州人闯天下的经商精神，并结合当代温州经商文化，了解"经世致用"的基本内涵。可是，在学生选课系统开启后，该课程却鲜少有人问津，报名情况很是惨淡。后来，通过二轮选课的生源调配，才勉强组班成功。于是，陈老师对课程建构进行了反思，将内容修正为"从'五味和'看温州经商文化"。在这个课程里，她带领学生们走进五马街的百年老店五味和，走访后了解了五味和的创业发展史，开展了关于五味和目前经营状况的小调查，并撰写了《五味和发展商业计划书》。一时间，本不被人看好的课程却在学校里刮起了一阵阵令人羡慕的旋风。

场景三：汲取能量的开学第一课"历史文化街区探秘"

在八中，每一届七年级新生的开学第一课都是从街区探秘开始的，而带领他们开启探秘之旅的正是八年级、九年级的学长学姐们。学校充分利用"五马—禅街"历史文化街区的地域文化资源，培养了一批"小小志愿讲解员"。就是这些高年级的"小小志愿讲解员"带领着学弟学妹们穿梭于街区的各大历史文化场馆，他们在王木亭下话廉洁，在革命历史馆里说爱国，在科举试院展示馆里看奋斗，在温州师范学堂碑文前听温州教育人的务实创新精神，这些正能量在一代又一代八中学子的心中接续，从此在他们的心中生根发芽。

反 思

"五马—禅街"历史文化街区是温州老城区的中心，该地段集温州教育的生发地、永嘉学派学术思想的传播地、温州书院科举状元文化的见证地、温州革命的爆发地于一身，地域文化资源不胜枚举。在某种意义上说，"五马—禅街"历史文化是温州文化的缩影与代表。越来越多的老师在教育教学实践中，主动把历史文化街区的地域文化资源充实到学生的学习活动中去，这引起了学校的重视，学校领导意识到这其中蕴含了学校发展的契机，特别是要通过学校德育工作的顶层设计，以"立德树人"为根本任务，聚焦社会主义核心价值观教育，把温州地域文化融入课程建设、课堂教学、学生实践等中，优化学校德育内容与形式，增强文化认同、文化自信，让广大温州青少年的价值观在温州的历史文化街区中茁壮生长。

1. 借助地域文化资源，把价值观教育与课程建设相融合，构建"1+X"一体化价值观教育学科教学模式

课堂是价值观教育的主阵地，与课程建设相融合的价值观教育才有生命力。这里的"1"是指道德与法治、历史与社会等初中阶段的思政课程。"X"是指其他学科课程。我们整合国家课程、地方课程中的价值观教育元素，形成学校课程价值观教育元素图谱，开展"价值观教育融教研"系列活动，构建学科价值观教育目标、内容、序列，促进课程与价值观教育同向同行。

借助地域文化丰富课程资源，营造了学生"乐学"的氛围。案例一中的李老师就是基于思政课程的课堂生成，开展了研学活动，带领学生发掘地域文化资源，走进街区得天独厚的各类场馆，使学生在研学活动的实践中体验，在体验中感悟，从而拉长了课堂时空，激发了学生学习探究的兴趣，磨砺了学生奋发向上的精神品质，延展了该研学活动的价值。这时，学生对知识的汲取能力与热爱学习的品质浑然天成，基于学科问题解决的研学活动初衷，在这里平添了更多价值观教育的深意。

2.借助地域文化资源，把价值观教育与中华优秀传统文化相融合，构建广大国民的"共同价值"

如果说案例一中李老师的教育实践是基于国家课程所进行的价值观教育模式创新，那么案例二中的陈老师则完全是借助校本课程，结合近百年来五味和创业发展中体现出的敬业乐业、诚信友善、锲而不舍等精神，把价值观教育与中华优秀传统文化相融合，发掘中华优秀传统文化的精华，对学生进行价值观教育的落地。

对广大青少年的价值观教育，在具体内容上，要直接或间接地体现继承、弘扬中华优秀传统文化和传统美德中的思想精华与道德精华。我们所倡导的社会主义核心价值观，就源于中华民族五千多年文明的历史发展，离不开中华优秀传统文化最深层的滋养。倡导"富强、民主、文明、和谐"，借鉴了中华优秀传统文化中"自强不息、以民为本、以文化人、以和为贵"等思想；倡导"自由、平等、公正、法治"，借鉴了儒家"天人合一、隆礼重法"等思想；倡导"爱国、敬业、诚信、友善"，传承了中华民族几千年延绵不绝的传统美德。同时，我们更要结合时代要求和温州人精神，进行创造性转化和创新性发展，使价值观教育更加丰盈，更加契合当下广大青少年学生的价值追求，有利于构建广大国民"和平、发展、公平、正义、民主、自由"的共同价值观。

3. 借助地域文化资源，把价值观教育与社会实践、志愿服务相融合，构建"行走的价值观教育"新范式

地域文化、学校周边的人文环境，都可以使价值观鲜活地印刻在青少年的形象思维中。因此，注重实践教育，将课堂与社会链接，是价值观教育的重要内容。八中处于"五马—禅街"历史文化街区的核心区，学校充分利用地处千年古街的区位优势，组建"五马—禅街"历史文化街区"红色联盟"，进行队团党互动，学校、家庭、社区三位一体联动，创新学生活动组织形式，开展"红色星期天+"活动，以"红色活动、红色服务、红色展示"为途径，促进"学生教育、资源配置、特色活动"一体化的实践。站在中共温州独立支部纪念亭前，重温浙南党组织的光辉历史；行走在禅街上，感受温州文化气息，探寻温州人精神，唤醒红色记忆；走进五马街国共和谈旧址、县前头的新四军驻温采购办事处旧址、康乐坊永嘉战时青年服务团旧址，忆和谈秘事、抗战风云……这样能够身临其境的红色元素，构筑起了价值观教育资源图谱，构建了"行走的价值观教育"新范式。

案例三中，"开学第一课，从街区探秘正能量开始"正是把价值观教育与社会实践、志愿服务相融合的产物，使学生"知学校、读瓯越、懂中国"。通过讲故事，把"大道理"变成"小故事"，用"小故事"凝聚"大能量"，让人物携带感情，用形象承载思想，用故事传播价值理念，实现"让价值观由近及远、由易到难"。其实，温州还有许多名人故居和旧居散落在寻常巷陌，正等着我们去利用，它们能让教育摆脱枯燥的说教，让书本知识"活"起来。

（浙江省温州市第八中学　陈忠河）

诚行天下

背 景

　　诚信，是公民道德的基石，是中华民族日用而不觉的价值观，是温州人安身立命且共同恪守的一份心灵契约。初中阶段的学生除了在概念上要理解诚信是做人要诚实守信、不欺骗，更应该尝试在行动中落实诚信价值观，并认同这一价值观对个人和社会的重要意义。

　　2020年8月8日是温州第十九个城市"诚信日"。为进一步推进新时代"信用温州"建设，培养未来"诚信温州人"，由温州市教育局组织，温州市教育教学研究院和温州市实验中学教育集团牵头，倾力打造一节价值观教育研学课——"诚行天下"。这是价值观教育与地方文化研究融合的一次尝试。学生在行走中观察城市的细微日常，在思辨中了解城市历史中的文化价值内涵，在行动中确信诚信对于城市发展的特殊意义，从而坚定地认同诚信是日常的言与行，是公民参与社会的必备素养，是一份责任，更是一份使命！

过　程

场景一：参观温州道德馆的"其人善贾，重诺守信"展区

师：我们来看看这边，展板中的这位吴百亨和我手中的这瓶擒雕牌炼乳（教师网购获得）有着密切的关系。有人喝过它或者知道它的故事吗？

学生：我听我爷爷讲起过，那应该是民国时期，外国对中国开始经济侵略，外国列强在中国设立工厂，用中国的劳动力和原材料生产外国的产品，然后以几倍于成本的价格卖给中国人，赚中国人的钱。炼乳也一样，1925 年的温州，买一瓶炼乳要用掉五分之一的月工资。这时候温州出了个吴百亨，他说你们列强的炼乳叫飞鹰，我就把你们擒住，看你们往哪里飞！他把自己全部的积蓄用于研发，开发了擒雕炼乳这个品牌。

师：品牌创立了，炼乳也研发成功了，但是如何在列强垄断的行业里杀出重围呢？ 1933 年，福州亚士德洋行恶意竞争，故意将购得的一千多箱擒雕牌炼乳存放到变质后投放到市场上销售。而吴百亨则将市场上所有变质炼乳收回，抛入江中。在这一波变质炼乳风波中，吴百亨损失了接近三分之一的身家，却获得了千金难换的"诚信"美名。听了这个故事，同学们也说说自己的想法。

学生：吴百亨好有勇气！虽然损失惨重，但诚信的美名是千金不换的！这就是中国能打败列强经济战的基础！我要为他点赞！

学生：对，这次倾倒炼乳体现了温州人的诚信品质，体现了温州人的尊严和魄力！温州人诚行天下！

场景二：五马街运动商城内，执法人员正在做相关检查

学生：阿姨，您好，我们是温州市实验中学教育集团府东分校的学生，

我们能了解一下，这是在检查什么吗？

执法人员：同学你好，我们是鹿城区综合行政执法局历史文化街区中队的队员，现在正在进行日常巡逻管理，如果发现商户有不符合市容规范的行为，我们会开出文明诚信积分提示单，督促他自行整改。

学生：那什么是诚信积分呢？它有什么用呀？

执法人员：五马街是温州的历史文化街，更是温州的形象街。为了加强对历史文化街区的保护与管理，从今年 6 月起，我们中队在"五马—禅街"推出了文明诚信积分管理办法，前期已经和大部分商户签订了管理协议，促进商户自觉纠正不文明不规范的行为。接下来，还会对文明诚信积分累计达到 5 分及以上的商户授予"五星诚信经营户"的牌匾，而且五马街每一季度文明诚信积分排名前 10 的商户，可以在街区商圈内进行品牌宣传。

"8·8 诚信日"是温州诚信日历中需要被铭记的一天，它是无数先辈历经磨难后立下的坚定信仰，更是流淌在温州人血脉中的文化基因。我们的学生，将如何接过诚信的接力棒，如何在这场诚信大考中作答？

一场以调研"城市诚信"为主题的项目化学习，一堂延伸的诚信价值观教育研学课由此开启。

环节一：回望走过的路，诚信是镌刻在温州人血液里的生命基因

师生走访温州道德馆，通过参观和馆内解说，学生逐步了解温州的诚信文化的悠久历史：从永嘉学派的"义利并举"到明代诚意伯刘基以诚育人；从近代温商吴百亨诚信经商到武林门三把大火；从"诚信老爹"吴乃宜的感人故事到郑明、陈华鑫道德诚信基金的自发创立……

参观结束，学生以"诚信与城市发展"为主题展开讨论，分享感受，深刻领悟。无论是辉煌荣光，还是曲折艰难，在温州的文化历史中，诚信早已与温州的命运紧紧相连。

环节二：审视当下的路，诚信是温州人共同恪守的一份心灵契约

从道德馆移步到五马商圈，学生们实地扫码街道内的诚信门牌，感受品牌信誉，理解温州商人对诚信的创新实践；采访温州执法部门，了解诚信积分，见证温州市政府对诚信经商的严格落实；在县前头城市书房体验"瓯江分"的惠民政策，感知当代社会对个人信用的重视。学生用研学的方式融入当代城市生活，切身感受着一个透明、精致、制度化的大数据诚信体系正在温州建立起来。

环节三：远眺前行的路，诚行天下，少年担当

有感悟，有行动，才能有真切地输出。在研学的过程中，学生自发成为诚信宣教员，向前来借书的市民介绍"瓯江分"的使用方法，宣传个人信用体系的重要性；在研学结束后，学生们将所学所感融入集体创作，自编自导自演温州诚信文化宣传诗歌《诚行天下，少年担当》，并通过跨学科融合的方式制作宣传视频，在全市展播。

反　思

2014 年 2 月 24 日，习近平总书记在中共中央政治局第十三次集体学习的讲话中指出，一种价值观要真正发挥作用，必须融入社会生活，让人们在实践中感知它、领悟它。要注意把我们所提倡的与人们的日常生活紧密联系起来，在落细、落小、落实上下功夫。

"诚行天下"诚信价值观教育研学课，是一种新的价值观教育方式：它通过融入地方文化，使得价值观教育打破现有结构，各环节重组。它引导学生从历史出发，从周遭出发，立身于现实中每一个具体细微的生活场景，感受身边每一个具体可感的城市故事，使社会主义核心价值观最终成为少年心灵的罗盘和行为的指南。

1. 寻求地方历史文化中的价值认同

鲁迅曾说过，历史上都写着中国的灵魂，指示着将来的命运。"诚行天下"价值观教育研学课通过地方历史文化启迪价值观教育，帮助学生在回望中认同"诚信是镌刻在温州人血液里的生命基因"。

寻求地方历史文化中的价值认同，它的逻辑起点应追本溯源，传承先祖遗留的生命基因。以温州为例，南宋时期，随着经济重心的南移，温州的经济也跟随时代的潮流迅速发展，成为百工之乡，为了适应经济的迅速发展，顺应当时商人要求，永嘉学派应运而生。"义利并举"是永嘉学派的核心理念之一，而从那时起，诚信就和温州的发展紧密相连。这是从城市场域探寻诚信密码的逻辑起点。

寻求地方历史文化中的价值认同，既要彰显历史中的辉煌，亦要审视历史中的苦难，恪守坚定不移的心灵契约。在"诚行天下"里，教师带领学生去探寻温州诚信的历史中的荣耀和屈辱，因为所有价值的认同都是在曲折中不断坚定的，特别是苦难和屈辱，只有感同身受地承受痛的刺激才能懂得"价值观"存在的真正意义，感受精神的力量。

2. 融于地方文化中的公共参与

公共参与是一种素养，它是指学生在参与社会活动或事务中所表现出的态度、知识以及处理社会问题的能力。这种积极投身公共活动的行为，在西方被亚里士多德称之为德行，在中国古代被曾国藩归纳为躬身入局。而价值观承载着一个民族、一个国家的精神，成为一个社会评判是非曲直的标准。

要内化这份标准，就要有积极的、与城市相融合的公共参与。

融于地方文化中的公共参与，出发点应让学生走出校园，在行动中感受价值观对于生活、对于社会的意义。在"诚行天下"诚信价值观教育研学课中，教师带领学生前往温州道德馆，学习温州诚信的悠久历史；走访五马诚信商圈，采访线下门店和执法细节，感受温州诚信经商的氛围；在县前头城市书屋里，学生亲自体验温州信用体系"瓯江分"，了解现代温州的大数据诚信体系。一层又一层真实的不断加深的感受最终化为在公共参与中不断滋长的自豪感和责任感。

融于地方文化中的公共参与，落脚点应是让学生在城市发展的脉络里，在现实的城市生活中寻求立身之本。在经历城市场域的观摩、采访、体验等公共参与之后，学生深刻领悟到信用体系建立的重要性，早到古人的立身之本，大到城市的共同契约，小到每日的打卡，日常到作业和学习，诚信应是每个人需要恪守的心灵契约，是温州得以不断发展的力量源泉。参与课程后，学生会主动表示要带着自己的家人尝试"瓯江分"，要做温州诚信历史的宣传者，要更珍视自己的个人信用体系。躬身入局的同时，亦是诚信价值观的真正落地。

3. 连接地方文化和价值观教育的项目驱动

在学校里，学生面对的问题是良构的、封闭的、单一的。但当他们走向社会，他们所要面对的问题更多的是劣构的、开放的、综合的。如果价值观教育只是在学校里的浅层习得，那它终将流于形式。真实落地的价值观教育应该和现实联系，利用真实世界的问题驱动价值观教育的开展。

在"诚行天下"诚信价值观教育研学课中，教师都选取了"来自真实世界的问题"：8月8日是温州城市"诚信日"，但为什么我们要专门设立一天为诚信日？公民进行信用积分有什么意义？为什么要在温州道德馆专门设立诚信经商板块？面对这些来自真实世界的问题，学生需要关注城市，关注生活，通过连接地方文化和价值观教育的项目驱动，提升价值观学习的效果。在连接的过程中，引导学生逐步成为内心丰盈的个体，以及积极行动的公民。

连接地方文化和价值观教育的项目驱动，需要学生学会分析情境，围绕项目发现问题、提出问题、解决问题，通过表达、交流或创作，分享自己的见解和内化于心的"力量"感受。在"诚行天下"诚信价值观教育研学课中，他们需要观察、采访、收集资料和数据；对于问题，他们敢于讨论和提出自己的观点，并去印证；他们还尝试创作诚信诗歌，对诗歌视频进行剪辑，以跨学科融合的方式，通过真实问题的探究把各学科知识串联起来，形成一种更加全面、相互衔接、融会贯通的认知结构，从而形成更加完备的视角、思维和情感体系。

（温州市实验中学教育集团府东分校　卓艺颖）

温州鞋文化，我们齐探寻

背 景

  温州鞋业发展历史悠久，明朝时就曾出产过质量优质的朝廷贡品"靴鞋"，改革开放后经历三次"烧鞋"事件，直至如今温州鞋业享誉全国乃至全世界。温州鞋业起起落落不断向前发展，孕育出富有温州地方特色的鞋文化，用诚信做基，以勤恳铺路。其中包含着温州鞋业与制鞋人"诚实无欺，恪守信用，热爱工作，勤勉努力"的价值追求。

  基于温州鞋业历史，依托学校位于"中国鞋都"产业园区的地域优势，联合周边大小鞋企与鹿城鞋艺小镇等丰富资源，我校自主开发以"温州鞋文化"为主题的校本课程，尝试寻找地方文化与价值观教育的共生融合点。通过校本课程下的主题活动设计与开展，挖掘地方文化中的价值观内容，利用多种形式在文化感知中落实价值观教育。此次"温州鞋文化，我们齐探寻"活动，便是在校本课程的引领下选择温州鞋文化中与"诚信""敬业"价值观相契合的内容，引导学生在理解地方文化的同时对学生开展的价值观教育。

过　程

场景一

"现在大家看到的'创新、激情、诚信、担当、协作、分享'这些醒目的词语，是我们企业的核心价值观。大家面前的这台智能机器，可以准确快速地测量脚型，为你量身定制。"康奈研学之旅的现场，随着讲解员的娓娓讲述，学生们听着品牌发展介绍，看着生产车间运作，真实走进了康奈集团，感受着企业文化。

场景二

进入"鹿城鞋艺小镇"，映入眼帘的便是一面"历史墙"，清晰详细地记录着温州鞋业的发展历史，正巧和小组选择的探究主题"温州鞋历史"相符合，大家马上展开行动，各司其职，拍照、摘录、讨论，有条不紊地展开了资料搜集。

场景三

一块棕色牛皮，一张简易纸样，一支专用画笔……，学生们正专心致志地体验着"切分牛皮"这一道制鞋工序，先用画笔在牛皮上画形，这个过程是后续正确切分的基础。画形完成后进入切分阶段，要求保证裁剪完整度、边缘平滑度以及材料利用率。学生在实际操作中，有画得不如意的，有剪得不平整的，他们感受到了一道简单工序背后的不易。

"温州鞋文化，我们齐探寻"活动，依托学校开发的地方文化校本课程进行设计与实施，面向六年级学生，利用多种探究方式开展活动，形成了"三阶四层"的模式（见图 4.3）。三阶段推进，每个阶段开展相应的活动递进式深入，落实"知、情、意、行、信"五个层次的目标。

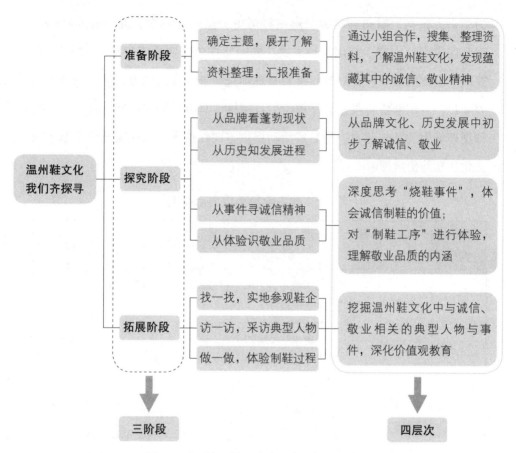

图 4.3 "三阶四层"活动设计与实施思路图

学生通过资料搜索、分析整理与小组汇报，了解温州鞋业深厚的历史积淀与蓬勃的发展现状。分析案例，认识两次"烧鞋事件"，体会温州人诚信追求质量的制鞋文化。了解一双鞋的制作过程，动手切分牛皮，感悟温州制鞋人的敬业态度。在探究温州鞋文化过程中，提升对居住地区的认同感，激发对温州地方文化的探究兴趣，加深对诚信、敬业价值观的理解。

准备阶段：问题驱动，价值唤起

学生以小组为单位，合作进行有关温州鞋文化的资料搜集，以关键问题为驱动，包括"温州鞋品牌、温州鞋历史、温州鞋故事、温州鞋的制作过程"四大方面内容。利用恰当方式，如网络搜索、实地考察与采访询问等，获取所需要的信息，并对资料进行整理筛选，选择合适的方式进行呈现（见表 4.1）。活动准备阶段充分发挥学生自主性，具有较强实践性，既有助于教师把握学生的认知起点，为后续活动提供方向性指导，又能唤起学生原本的文化认知与价值理解。

表 4.1 准备阶段小组展示举例

小组名称	探究主题	探究方式	关键内容
温州 "Shoes"	温州鞋品牌	网络搜索、实地考察	温州著名鞋企如何打造品牌效应，经营品牌文化，维护企业形象？
			"奥康"品牌的企业文化： 企业核心价值观：诚信、创新、人本、和谐 企业格言：言必信，行必果
			"康奈"品牌的企业文化： 企业核心价值观：品牌领先、顾客至上、崇尚知识、人本和谐、精诚精业、舒适时尚 企业员工文化：抬起头诚信做人，埋下头认真做事
			"吉尔达"品牌的企业文化： 企业精神：自强、融合、诚信、创新 管理理念：着力推行企业全程信用管理，坚持"以人为本"

探究阶段：实践驱动，价值思考

探究阶段围绕"为什么温州能被称为'中国鞋都'"这一驱动问题，对温州鞋文化及其蕴含的价值内容展开深入探究。

1. 从品牌看温州鞋业的蓬勃现状

从学生生活入手，选择与他们关系密切的鞋品牌做重点了解，关注品牌所在企业的文化、规模、荣誉等，将探究成果进行汇报展示（见图4.4），初步体会企业文化传递的诚信、敬业精神。引发学生思考，一份份品牌荣誉与企业文化说明了什么？这告诉我们温州能成为"中国鞋都"，离不开温州鞋品牌诚信无欺、专注品质的追求。

示例：

（1）**小组介绍**：大家好，我们是"温州shoes"小组！

（2）**内容汇报**：

我们小组了解了康奈这个了不起的品牌。

为什么说它了不起？请大家看我们搜集的资料。（展示分享）

现在你们知道它为什么了不起了吧？（互动提问）

（康奈规模大，生产的鞋品质好，企业的影响力大……）

（3）**结束汇报**：这就是我们小组的介绍，谢谢大家！

图4.4　小组汇报示例——"温州鞋品牌"主题

2. 从历史知温州鞋业的发展进程

通过实地参观"鹿城鞋艺小镇"，了解温州鞋业发展历史。学生动手制作时间轴（见图4.5），了解不同时期重要事件背后传递的温州鞋企与制鞋人的价值追求。围绕"温州鞋业发展之路是一帆风顺的吗？"这一问题展开探究，发现温州鞋业历经波折，有过诚信缺失、品质遭疑的境况，唤起学生对诚信、敬业精神的进一步思考。

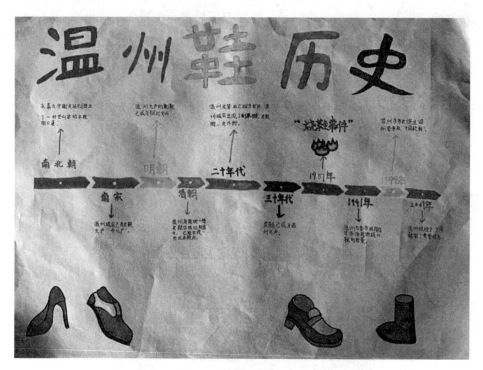

图 4.5　学生自制"温州鞋历史"时间轴

3. 从事件寻温州鞋业的诚信精神

基于"温州鞋品牌"与"温州鞋历史"的探究成果，关注重要事件"两次烧鞋"，围绕三个核心问题"诚信缺失会怎样？"，"如何去重建诚信？"，"如何去坚守诚信？"展开讨论，融合鞋文化探寻与价值观教育，思考温州鞋业发展进程中诚信精神的缺失与重塑（见图 4.6）。

第一次烧鞋，是因为温州鞋质量差。温州鞋企、温州人的信誉跌到了谷底，温州鞋业也遭到了重创。温州市政府采取各种措施全力提升质量，温州鞋企意识到诚信制鞋的重要性。第二次烧鞋烧的是仿冒温州鞋的伪劣产品，预示着温州鞋业重建诚信。2002 年起温州人将每年的 8 月 8 日定为"诚信日"，设立"诚信名牌""产品身份证"等，这些举措昭示着温州人坚守诚信的决心。

以具体事件解释抽象概念，通过对两次烧鞋事件的了解、思考，学生了解了温州鞋业从忽视诚信到重建诚信，并将诚信放到首要位置的进化历程，加深了对诚信这一价值观的理解（见图 4.6）。

图 4.6　小组汇报示例——"温州鞋故事"主题

4. 从体验识温州鞋匠的敬业品质

创设任务情境，让学生通过亲身体验感悟精益求精的精神品质。利用真实视频素材与采访片段，让学生感知普通劳动者的辛勤付出是如何推动温州鞋业向前发展的，引导学生理解敬业价值观"热爱工作、勤勉努力"的内涵。

学生通过实地考察，了解一双鞋的生产过程，并选择"开料"（即切分牛皮）这一工序进行体验。在动手操作中领悟，即使是制作过程中一道看似很小的工序也并不简单，我们要用认真负责、精益求精的敬业态度去完成。

采访鞋企员工，走进鞋厂车间，感受最真实的劳动付出如何体现敬业价值观。据不完全统计，目前温州有 4000 多家鞋企，近 40 万从业人员，这些劳动者通过辛勤工作创造美好生活，推动温州鞋业发展，他们用行动生动阐释敬业，促进学生对敬业价值观的深入理解。

拓展阶段：成果驱动，价值深化

基于活动中的生成点，学生对个体诚信、敬业的行为表现及其带来的社会影响有较强的情感体验与探究兴趣，符合本活动的价值取向。为了延展活动的积极影响，深化价值理解，我们设计了相关拓展型实践活动：找一找，实地参观鞋企，找找诚信、敬业价值观如何体现；访一访，采访典型人物，了解他们的诚信、敬业事迹；做一做，体验制鞋过程，围绕诚信、敬业价值观写写体会。

温州鞋能走得更好，走得更远，一定与鞋业文化有关。讲求诚信，敬业乐业，是温州鞋业蓬勃发展的重要因素，是温州鞋文化的重要内容，也是温州人精神的重要组成部分！

反　思

1. 价值引领依托生活经验

活动设计从学生的真实生活和发展需要出发，在生活情境中发现问题，并将其转化为活动主题。从中生发而出的价值观教育所带来的价值引领一定是有用且有效的。我校地处"中国鞋都"，大部分家长从事与鞋业有关的工作，学生的日常生活与鞋是密切相连的。活动从鞋文化中的敬业与诚信精神切入，以学生的认知与情感为基础，是学生乐于探究的，势必会对学生未来的生活带来积极正面的影响。

2. 价值思考契合文化认同

活动以温州鞋文化为主题，融合价值观教育，引发学生对诚信、敬业如何推动温州鞋业繁荣发展进行思考。在活动中，价值观教育拓宽加深了地方文化的教育意义，地方文化作为价值观教育的天然资源，体现了基于文化认同开展价值观教育的优势。地方文化本身拥有着强大的社会基础与精神导向，大大增强了价值观教育的积极影响，既有助于提升学生对地方文化的认同感，也有助于学生形成正确的价值观。

3. 价值体验源于实践拓展

教育影响的发生，需要经历"知、情、意、行、信"五个层次。活动中价值体验是否发生，达到何种程度，又怎样进一步加深，最终都要落到实践中去。融入温州鞋文化探究展开的价值观教育，重点便是在"研究阶段"。通过多样形式，包括实地探访鞋企、面对面员工采访、动手操作制鞋等活动让学生在实践中展开价值思考，产生价值体验。基于此阶段学生对"诚信""敬业"价值观的理解，指导"拓展阶段"自主性更强的实践活动，又是价值影响的生动展现。

（温州市鞋都第一小学　姚约维　杨丹丹）

管理育人篇

　　任何管理制度背后都有着基本的价值立场。教育管理必须坚持"立德树人"的价值立场。无论是学校后勤管理，抑或是学生行为规范管理等，无论是学校行政管理，抑或是班级管理等，教育者都应有自觉的育人意识，自觉维护和践行教育管理制度与行为本应蕴含的育人价值原则、价值追求，要避免僵化的管理方式中"反教育"现象的发生。

　　本篇6个价值观教育案例，在管理育人途径上展现了新时代管理的新特性。首先是班主任最为头疼和关注的班级管理。如何在日常管理中及时发现、满足和引导学生个体的价值需求？如何构建具有价值引导力与自我教育力的班集体？如何引导学生正确理解学校行为规范背后的价值合理性？其次是学校管理。如何梳理管理制度背后的育人职能与价值导向？如何引导学生在自主管理中体悟正确价值原则对国家、社会及个人的重要性？新时代的价值视角让学校与老师对教育管理的育人职能有了新的认识，发掘出新的育人智慧。

"吃瓜"力量不容小视

背 景

刚来到新学校，我就接手了一个令人"望而却步"的班级。五（1）班的孩子，问题生、留守儿童，随便拎出一个都是全校闻名。从一年级开始，平均三个学期换一位班主任，优等生一个接一个转走，只留下一群"三无"少年——无成绩，无规矩，无关注。这群孩子，如同随时会爆炸的炸弹，盗窃、打架事件频出；遇事他们相互指责，毫无团体意识。其中以小洪最为棘手。

小洪，白白净净，戴着眼镜，给人"好学生"的假象，然而，他却是个重磅"地雷"。课堂上的他小动作不断，把铅笔盒里的笔摆得满桌都是，还不时说上几句"俏皮话"，引得全班同学哄笑，搅乱课堂纪律；课间也是满教室瞎跑，好像谁也约束不了他。据说严重时，还和前一任班主任起争执，在黑板上写老师坏话。

据了解，小洪家庭条件较好。作为家里唯一的孩子，可以说是集万千宠爱于一身，父母外婆溺爱，甚至连舅舅都对他有求必应。这也造就了他唯我独尊、无法无天的性格，令他在班里人缘极差。但经过一年的教育与引导，如今的小洪已经渐渐褪去恶习，展现出他聪明灵活的天赋，课后也几乎不再与同学发生争执了。

过 程

事情的转机是从我让小洪担任"电脑管理员"开始的。一天中午午间休息，学生急匆匆地跑到办公室，说小洪和小孟打起来了，怎么也分不开。我来到教室，就看到怒气冲冲的小洪朝着小孟不停地进攻，而小孟则被不少同学挡在身后。小孟的脸已被严重抓伤，小洪脸上伤势较轻，但也有几道血痕。我的第一反应就是赶紧把二人分开，想着"冷处理"一阵。但事情并不容易，小洪"睚眦必报"，追着小孟跑遍了整个学校，我在后面跟得气喘吁吁。没办法，只好先把小孟带到办公室进行隔离，处理伤口，同时也大致了解了事情的来龙去脉。

吹 "吃瓜" 之风

照平时的惯例，无非就是找几个现场的"吃瓜群众"到办公室私下了解，然后息事宁人。但下午第一节刚好是我的课，我决定发挥"吃瓜群众"的力量，趁着这次"东风"，来一次班会，集体解决这次事件。等到上课，我把小孟带回到班级，让他们二人当着全班的面对质，其他"目击者"可以及时补充。很显然，这样的方式，提醒两个孩子，必须要说真话。

两个人你一言我一语，在"吃瓜群众"的审视下，终于说清了来龙去脉。原来，小孟中午擅用班级电脑听音乐，小洪作为电脑管理员上前制止，并先动手打人。小孟反抗，小洪就把他按在地上，两人扭打，最后被同学拉开。

引"吃瓜"之力

我适时介入："两位同学都很诚实，事情的经过基本清楚了，那这件事情你们觉得应该怎么处理？"

"吃瓜群众"跃跃欲试，集思广益。有个"目击者"说："虽然小孟先动电脑不对，但是我看到是小洪先动手打人，而且把小孟很重地按在地上，小洪可以劝告，但不能动手，应该好好说。"显然，为小孟说话的人更多。这也看出小洪在班里的人缘极差。

还有女同学小声地补充："万一他伤得很严重了，不管是不是为了阻止他听音乐，那都没用了。"又是新的问题被提出。

这时，副班长说话了："我觉得这件事情一开始是小孟不对，他不应该动电脑，老师说过电脑是班级最重要的财产，使用要小心，但小孟却拿来听歌。"下一个同学接着："刚刚是小孟不对。他不应该乱用电脑的，而且还打人。"又有了理性的声音。

还有人补充："这件事情两个人都有不对的地方，两个人都应该道歉。"

越来越多的孩子开始说话了，我发现原来"吃瓜群众"的力量这么有效，通过对话，自己说出价值观念，远比填鸭式说教更有效。

这时，能屈能伸的小孟先开口了："我不应该动电脑，是我不对，小洪对不起。"

小洪一改刚才傲慢倔强的神情，说道："我也不应该动手打你。对不起。"看着小洪说出"对不起"，我两眼发酸。这个无法无天的"混世魔王"终于也有低头的一天。

"同学们还有其他建议吗？"我问。平时和小洪关系不错的小刘建议："我觉得我们也要感谢小洪，他帮我们守护了珍贵的电脑。"同学们不约而同地为小洪鼓起了掌。

"同学们，老师非常高兴，大家能以这样公平、和谐的方式来处理这件事情。我为你们骄傲，请你们也给自己掌声，我们圆满地处理了这件事。也希望两位同学都能吸取教训。"

自此，小洪的脾气似乎收敛了很多，同学们对他的态度也有所改变。

从偏见到公正，从指责到感恩，这是他们自己通过对话得到的收获，也是我的收获。

反　思

1. 聚焦时代，认识价值观教育的必要性

人的价值观不是先天就有的，而是在一定的社会环境、社会活动中，通过"习得"、接受和认同既有的价值观，形成和发展出自己的价值观。

在一些独生子女家庭，很多父母出于宠溺，总是时刻围绕在孩子身边，这也导致孩子与群体脱离，一旦来到新的群体环境，就无法适应，甚至发生冲突，导致价值观扭曲。这使得小洪变得极度敏感，甚至暴力，开始更在意人们对他的看法，上课企图以过激的方式引起他人注意，最终形成恶性循环。这也使小洪骤然发现，父母也因为在学校的表现开始责骂自己，自此形成对抗性人格。而对于这样的孩子，"公正、和谐"的集体价值观教育是当务之急。

2. 寻找突破，挖掘价值观教育的着力点

"价值教导"和"自主构建"在价值观教育中一直存在分歧。对于教学中忽视学生主体作用的"满堂灌"，我们应该给予充分的警觉，真正的教育来自带领和感召。要想做到不以权威强迫学生放弃或接受某种价值观，就要

通过合理的方式来实现价值观的引导与构建，那就是"对话"。对话是主体在平等的基础上所进行的价值交流活动。对话双方都有表达自己价值观的愿望、权利和机会。借助和另一个人的交谈，我们可以理清思路，自主构建，重新发现原本就在我们心中的答案。

3. 简化目标，落实价值观教育的日常化

习近平总书记在上海考察时指出，要注意把社会主义核心价值观日常化、具体化、形象化、生活化。而对于小洪这样的学生，我采取了以下教育措施。

（1）形成价值惯性。荀子说："积行成习，积习成性，积性成命。"价值观教育需要渗透在生活中。对于小洪的每次冲突事件，我都采取"公正、和谐"的解决方式，但凡小洪有一点做对的地方，我都会积极鼓励，并着重告知"老师、同学是公平的，不是只对你例外，无论是好事还是坏事"，使他减少心理落差，形成价值惯性。

（2）构建价值环境。在本次案例中，我借助学生之间的矛盾，设置"价值环境"，引导学生形成价值问题，引发学生价值冲突，在集体价值讨论中，激发学生的同伴互助意识，把围观群众从"吃瓜"引向"互助"，在发现、形成、巩固正确的价值观的同时，也增进了同学之间的友情。

（温州市苍南县龙港凤江小学　林飞扬）

自由与制度

背 景

高中学生过上了寄宿生活，在校时间增加，受到学校规章制度的约束也随之增加。而高中的学生，处在身心快速发展的阶段，随着独立意识不断增强，他们不再唯命是从，不愿被动地服从学校和老师的指示。他们追求自由，希望变被动服从为主动争取，导致部分学生的价值观出现偏差，对学校制度不满及不服从。如何引导学生正确处理自我与他人、自由与纪律的关系，是许多班主任都会面临的问题。

过 程

因一盏"台灯"而起的风波

高二开学第一周，我们班 201 寝室扣分较多。于是，我把学生叫到办公室了解情况。事件的"始作俑者"小郑同学告诉我，当天晚上数学作业较多，他作为寝室数学最好的学生，就肩负起了在台灯下给室友讲数学题的重任。经过一番教育，几个同学都愿意接受处罚并改正，唯独小郑表现得异常不满："我们有学习的权利和自由，学校不能因此处罚我！"于是我让小郑留下单独谈话。

我首先夸奖了他："可以看得出来，你是一个十分热心、有原则的人。"听到这番话，他的情绪明显缓和了不少。我接着问："你可以跟我说说，你们高一为什么总是扣分吗？"他告诉我："我们是利用晚上睡不着的时间来学习，这是合理利用时间，怎么能算违纪呢？学校的规章制度太不合理了！"为此，过去一年他们没少跟寝室阿姨起冲突。

听完他的一番讲述，我明白了，在要不要关灯的背后，折射出的是他个人生活与集体制度之间的矛盾。从他的叙述中，我看到了一个热爱学习、努力向上的形象，而且从他的出发点来说，为了延长学习时间而违反了学校的制度，实在是情有可原！于是，我也犯了难。

从小郑的角度出发，他认为个人有追求自由的权利，而学校统一的制度阻碍了个人的发展，缺乏自由和人性。如何让他心服口服地关掉这盏与学校制度格格不入的"台灯"呢？

如何关掉寝室里的这盏"台灯"？

我并没有继续用言语反驳他，而是决定换一种方式"说服"他。适逢学校组织辩论赛，我决定在班级里开展一场辩论赛的选拔赛。我极力鼓动口才、台风不错的小郑来参赛。辩论赛的主题是最近的热点——在"疫情"时期国家的强制管理措施利大于弊（正方）还是弊大于利（反方）？学生对于辩论赛的形式感觉很新鲜，很快就组成了两支队伍。

在辩论的过程中，正方代表小郑引用中西方国家对待疫情的不同态度举例："一些西方国家的民众打着自由、人权的牌子游行示威，拒绝在家隔离，导致疫情的蔓延。而中国人民自愿居家隔离，使得疫情得到了控制，才有了中国在疫情最紧张的时候向世界各国施以援手的大国风范。我们可以骄傲地说，中国目前是世界上最安全的国家。"小郑的一番精彩发言赢得了同学的支持。辩论结束后，班级同学纷纷把支持票投给了正方，小郑功不可没！

我用事先准备好的照片和材料，为这次的辩论赛做了以下的总结："正如历史长河中无数次灾难一样，这次疫情并没能使中华民族屈服！在这次疫情中，我们严格服从国家的管理，我们虽然'失去'了部分'自由'，但是隔离病毒并不隔离爱，正是我们国家和人民所展现出来的集体主义精神，'舍小家，为大家'的大局意识，才有千万里驰援武汉，齐心协力战胜疫情，其彰显出来的精神风貌正是集体主义的最好诠释。"学生们都深受触动。

趁着辩论赛的余热还在，我又找了小郑谈话。"你今天的表现很精彩，在大是大非面前，你能站在大局的角度，理解国家的所作所为，看到了我们国家制度的优越性。"他露出了笑容。我继续说道："西方国家总是打着自由、民主的旗号攻击中国在疫情中的措施。但是什么是自由呢？自由是法律下的自由，是人们在法律规定的范围内拥有自由行动、不受限制的权利。洛克就曾说过：'哪里没有法律，哪里就没有自由。'真正的自由不是随心所欲。学校的制度可以维护学校的稳定。如果没有制度的约束，每个人按照自己的生活方式，学校就不能有序地运行了。你在随心所欲做自己喜欢的事情的时候，也会损害其他同学的权利，如果没有统一的管理制度，那样学校不是乱套了吗？"

小郑若有所思地说："所以这些制度对学校来说，不一定是最好的，但一定是最稳妥的。"

我赞许地点点头，告诉他："作为老师，我希望我们的班集体能够更和谐，因为我们每一个人都包含在集体之中。"小郑已经认识到了自己的问题所在，他表示愿意接受处罚，并遵守学校的制度。

挑"灯"学习的精神在教室里点亮

虽然未按时熄灯只是一件小事，但是其背后反映出的是，现在很多学生在集体生活中，存在个人与集体的冲突，如个别学生在自习课没有顾及周围的同学大声讨论问题，逃避学校的仪容仪表检查，偷偷带手机来学校……，这样的事情屡见不鲜。他们甚至会觉得，这些本应是他们的自由、权利，学校的制度约束了他们的权利。而有时讲道理式教育显得很苍白，如何在班级里进行正确价值观的教育呢？

于是，我决定以这件事为突破口，在班级里举行一次茶话会。选取了几个常见的例子，让学生们来帮忙协调，既不违背学校的制度又可以最大限度地实现个人的自由。学生们群策群力，思考在校期间，有哪些事情是可以自由去做的，哪些事情是需要做出调整的。

同学们给小郑的解决方案是，利用下午时间来教室里学习，提高做作业的效率。于是，我趁机鼓励小郑带着室友来教室学习。而我也会有意识地早点来教室里转转，同时充当班级的摄影师，悄悄记录下小郑和几位同学在教室里学习的场景，以及班级里发生的一些正能量的事情，制作成班级"照片墙"。两个月后，201 寝室的同学骄傲地跟我说："老师，我们寝室这个月都没怎么扣分，第一个月那是我们刚开学不适应，没做好。"渐渐地，在小郑和 201 寝室的影响下，我们班级留下来学习的同学越来越多了，挑"灯"学习的精神照亮了教室。

反 思

有边界才有秩序，有底线才有自由。自由不是与法律相分离、相对抗的东西；相反，自由是法律所追求的价值。当代学生个体意识比较强烈，不愿接受规章制度的约束，追求个性的自由时，应加强价值观的正确引导。处理好国家、集体和个人三者关系，对促进学生个性的全面发展有重要的意义。结合本案例，我认为以下几点经验是值得总结的。

1. 利用价值冲突的自发性，实现价值观的认同

教师作为学生成长过程中的重要陪伴者，应成为学生思想成长的领导者和影响者，不管是管理还是习惯养成，都离不开正确价值观的支撑。"管"的工作的前提是"理"的工作，只有学生能够明辨是非，班级工作才能顺利进行。因此，沟通成功的基础是价值观的认同。

这件事情起因于一盏台灯，但其背后的深层次原因，是学生个人生活与学校制度之间的冲突。在规章制度面前，学生认为是个人自由选择的问题，价值冲突由此产生。教师以此为契机，对学生进行了教育，让学生遵守制度，明白自由不是为所欲为，而是在不违背制度的前提下，做法律允许的事。

2. 利用教育过程的自主性，实现价值观的内化

价值观澄清学派认为，要引发学生无忧无虑地表述心理活动，给学生充分的自由选择，强调价值观教育应从外显走向内化，再到外显的过程。苏霍姆林斯基说过，"真正的教育是自我教育"，教育之道在于育人心。

在台灯事件的处理中，学生从一开始与学校对抗不愿遵守学校规定关掉台灯，到自愿关掉台灯的转变，实际上也是价值观的转化。教师希望通过教育引导学生遵守学校的制度，但这种教育不是自上而下的指令和学生被动的服从，而是通过在班级间开展辩论赛，让学生在活动的过程中，自己认识到规章制度的重要性，通过学生自主改变观念而达成一定的共识，其核心也是价值观的引导。

3. 利用榜样力量的自觉性，实现价值观的升华

社会主义是追求"人的自由全面发展"的伟大事业，它要让所有人获得全面发展的自由。集体主义并不意味着要抹杀个人的价值，而是希望通过集体的力量，更好地实现个人的价值。集体实际上是服务于每一个成员的。一个和谐的集体，可以让每个人发挥自己的价值，从而形成合力。

在寝室扣分这件事中，我看到小郑的出发点并不坏，如果只是否定、制止他的行为，用权威打压他，并不能让他信服。对于他错误的认知，教师予以指出。对于他热爱学习的一面，教师也给予充分的肯定与发扬，鼓励他利用课余时间来教室学习。在制度允许的范围内，给予学生充分的自由，让学生感受到自己在集体中，发挥个人的价值，从而更好地服务于集体，恰到好处地处理了个人与集体的关系。

（温州市瓯海区三溪中学　叶莹莹）

始于累积，成于集体，忠于友善

背 景

在中职学校很多教师不敢接就业班班主任的工作，究其原因在于就业班学生的成绩相对较差，学习习惯不佳，日常管理难度很大，部分就业班的班主任在不断的"惊喜"中熬过三年的时光。那面对这样一个群体，要用什么方法进行管理呢？如何教育和引导这部分学生一直是我们职教工作者思考的问题。

过 程

在接手 2017 级就业班的班主任后，我便开始着手分析就业班学生的特征，以两种"存钱罐"为载体，不断对存钱罐的意义进行"预设"，作用促成"生成"，顺利地将"储存"演变为班级"友善"的基因，解决班级管理中出现的问题，并将此贴上学生都乐于接受的班级标签——友善文化，最终不仅储存了物质，储存了友谊，也储存了善良，在班级中培育并践行了"友善"社会主义核心价值观，让我的 43 位学生度过了两年幸福、友善、积极向上的时光。

树立集体价值观，培育友善土壤

在 2017 级就业班的第一次班会课上，我特意拿出为全班学生准备的两个存钱罐："物质基金"存钱罐用来存放成员的爱心奉献、捐赠和班集体的劳动所得；"记忆基金"存钱罐用来保存大家的记忆，如值得纪念的事情、美好回忆、人生愿景等。随后我将 9.5 元（开学时间 9 月 5 日）和一张写着班级愿景的纸条分别放入两个存钱罐中。

"物质基金"中基金的用途由同学们提议协定，经过几次讨论后制订如下：（1）每学期拿出五分之一捐给学校或班级里需要帮助的同学；（2）支出其中的七分之一支持每次集体活动；（3）申请支付宝"基金"账号，定期将余额存入该账号；（4）正班长为基金管理者，副班长为基金监督者，每学期公布基金收入和支出情况，让基金一直运行下去。

就这样，存钱罐挂在班级最前面的墙壁上，由班级所有人共同保管。在高三顶岗实习前夕，班长公布的数据显示存钱罐中的金额已达 2000 多元，两年共捐赠给学校 500 余元。存放"记忆"的存钱罐已经"太小"，为此几位班干部将同学们的留言纸条进行拍照保存。

挂在班级最前面的"存钱罐"从精神形态上要求学生奉献和互助，在物质形态上提醒学生节俭和自立。两种形态的意识使得全班学生在价值观上充满正能量，从而引导全体成员树立正确的价值观和人生观。通过两年的实践，这种价值观已经深入到学生心中，不仅杜绝了学生生活中铺张浪费、相互攀比的行为，也让学生之间形成了坦诚相待、务实诚信的友善之风。

聚拢集体力量，孕育友善成长

在集体中孕育友善基因，利用班集体的力量影响个体，促进其成长是班级文化建设的重要举措。

高一第二学期刚开始，班里一向乐观、积极的陈同学情绪突然变得很不稳定，暴躁冲动、顶撞老师，甚至还"闯"校门回家。我经过了解后得知他的母亲被诊断出癌症，在小时候失去父亲之后，这对他无疑是一个沉重的打击。痛苦、绝望、自卑、逃避生活的情绪笼罩在这位不谙世事的少年身上。没过多久，全班同学都知道了这个情况，于是一场"集资"活动开始了，我协助学生们通过"水滴网"为他的母亲筹款，大家则将写满鼓励的纸条悄悄地放进"存钱罐"。随后，我们特意为此开了一个主题班会，将筹到的钱同存钱罐里五分之一的基金共计 4500 多元以及写满鼓励言语的纸条交到陈同学手上。在大家的鼓励下，他又恢复了往日的风采，回归到集体生活中。

两年内，我所带的就业班流生仅 1 人，为全校最低；依靠班集体的力量帮助多名心理问题学生回归到正常心理状态；发起过一次网络捐款救助困难同学等。因为友善基因在班级文化建设中的生根发芽，同学们自诩本班为全校幸福感最强的班级，每个学生都能在班级中找到自己的角色，承担相应的义务。

记录友善瞬间，衍生友善行为

高中阶段同学之间友善的行为能成就和谐、诚信、平等、自由的同学关系，而记录和翻阅这些记忆在无形中让同学们感受记忆的温度，珍惜和回味美好的高中生活。

高三毕业班会上，我们打开了"记忆"存钱罐，里面有一沓千纸鹤。那是在顶岗实习前，同学们在"这是我们的故事"主题班会上对高中生活的回顾。每位同学在千纸鹤上写下自己和班级这两年内的成长故事，同时还要求留出空间书写高三或者今后的成长故事。班长念起一张张千纸鹤的内容，高中生活的一幕幕闪现在同学们的眼前。欢笑、泪水激起了同学们的无限回忆，友善的品质让同学对即将的离别更加不舍，大家在千纸鹤的空白处继续书写自己的故事。

班级因这两个存钱罐的存在而使很多学生逐渐养成记录和储存的习惯，也形成了班级独特的友善文化。学生之间通过记录感人瞬间，不仅留存下了青春的足迹，也使得大家坦诚以待、诚信友善；通过鼓励学生养成储存的习惯，奉献爱心，使得个体的自律性得以加强，团队具备更强的向上的力量。

随着"储存"习惯的养成，学生们又衍生出"集瓶""集纸"等习惯，将喝掉的饮料瓶和用过的纸收集起来卖掉，并将所得收益存放到班级存钱罐中。

反 思

反思"储存"习惯所营造的友善品德在班级中的作用，验证了价值观建设在中职班级建设中的重要性。两年的时间内，两个小小的存钱罐，在促成学生物质和记忆积累的同时，也促成了班级友善文化的形成和学生友善品质的养成，其成因如下。

1. 班级物质文化建设触发集体对友善的认同

存钱罐在经历一段时间的使用后储存了一笔财富，班级的每次集体活动、捐赠活动都使用存钱罐中的公用基金，学生也非常乐意将自己的获得放入其中。这种良性的循环使学生看到积累的成果，在每次善行之后感受到帮助他人带来的快乐。班集体的共同认识更能催化个体的认识，最终使得友善成为班级的共同认知。

　　这种班级文化建设中利用一个物化的现实存在聚集大家的友善认同，既有外在表征又有目标聚焦，提升了学生的统一认识，使得友善内化为学生的自我认知。

2. 班级意识文化建设加深学生对友善的理解和判断

　　利用存钱罐对学生美好记忆进行存储的举措，是将学生的意识进行聚拢的过程。存储的回忆要美好、向上，充满正能量，这能引导学生形成正确的人生观、世界观、价值观。学生在存储每条回忆的过程中都经过认真的判断和甄别，这促使个体进行自我反思，形成良好的品德。

　　在班级友善文化形成的过程中，学生们逐渐形成了共同的价值理解和判断。学生之间通过互相合作、交流、分享来融入集体，并通过实践活动为集体奉献力量，最终使得整个集体富有凝聚力，充满幸福感。

3. 班级文化建设孕育学生"友善"价值观的形成

　　设置存钱罐是班级建设的一个重要举措，在班级日常活动中通过不断强化其友善作用，逐渐让其成为班级文化建设中的重要因子，其带来的友善表征也成了班级文化的重要内容。同学们在使用存钱罐的过程中收获友情和记忆，并不断孕育友善的价值观。同时，在和谐的关系中，同学们能分享、善沟通、会表达，相互尊重，彼此关爱，共同成长。

　　友善品格的培养对以就业为导向的中职生而言非常重要，利用良好习惯的积累培养友善品格，从物质和意识上提升中职生自律、自制的能力，对即将进入工作的中职生具有重要的现实意义。

（温州市瓯海职业中专集团学校　林建瑞）

学生联盟连学生，行为规范管理有新招

"同学，请不要在走廊上追逐打闹！"行为规范管理辅助员（简称辅助员）提醒小君。小君答道："我们没有打闹，我们在玩游戏！""学校规定走廊上要轻声慢步，你们这样违反了规则！"辅助员说道。"凭什么这样规定，那我们去哪儿玩？"小君生气地说。

"同学，你没把点心吃完就倒了，这是你的罚单！"辅助员拦住小强。"你凭什么罚我，辅助员了不起啊！"小强一脸不服气。

上述现象在很多小学中屡见不鲜。学校将行为规范外加于学生，学生不理解行为规范制定的意义，导致他们"知而不信，言而不行"。特别当无人约束时，学生很容易将行为规范抛之脑后。面对行为规范管理辅助员的"罚单"，同学们认为不公平，缺乏民主，没有自由，进而不愿服从管理。

过　程

很多中小学的学生行为规范管理基本都是单一的"他律"模式，他们将复杂的行为规范教育过程等同于枯燥地说理、监督、奖惩等。单一、功利的奖惩机制不但无法有效支持和指导学生的行为规范，更无法引导学生正向价值观的形成和落实。

为改变原有的"他律"管理模式，使社会主义核心价值观成为学生的行为依据，我校依托"学生联盟"的力量，激发学生情感认同、开展自主管理、实行朋辈支持，构建自由、文明、和谐的校园环境，将民主、公平、友善的价值观融入学生校园生活。

共定行为规范　认清价值需求

场景一

"各位老师，各位同学，我们组认为在游戏空间玩耍的时候应：音量控制在 1 级以下；不追逐打闹；及时做好整理工作。"班级代表小明从容自信地说道。"嗯，谢谢你们组的意见。"学生联盟行为规范部部长小恒说道，"其他代表你们同意他们的意见吗？同意请举手表示。"小恒话音刚落，一双双小手"唰"地举了起来……。这是在"模拟联合国"活动中，学生联盟的成员们带领各班代表进行学校游戏空间行为规范的讨论和制定。

我们学校的行为规范是由全校同学共同参与制定的。每学期初，学生联盟会根据实际需求，组织召开行为规范讨论会给新的活动空间制定规则，修改或完善原有的行为规范。

全校学生参与制定行为规范，这么多人该怎么进行呢？首先我们以班级为单位，班级学生联盟的成员带领全班同学开展班级会议，进行规则的讨论（见图 5.1）。联盟成员需要将班级同学讨论出的行为规范记录在纸上，然后在班级中推选

图 5.1　班级学生共定行为规范

图 5.2 校级行为规范讨论会

出 2 名代表参与校级行为规范讨论会。

之后由学生联盟的成员组织各个班级代表开展校级行为规范讨论会（见图 5.2）。联盟成员首先组织班级代表进行分组讨论，每个小组需统一本组行为规范并写在海报上，然后向大家分享自己组通过的行为规范，其他小组进行补充或修改，最后全场代表举手表决，形成最终的行为规范。

学生联盟的成员走进各个班级，将讨论确定的行为规范在班级内开展宣讲，带领同学对行为规范进行学习。他们还将行为规范印制出来张贴在各班中，并引导本班的同学在行为规范下方签上自己的姓名，以示自己将履行遵守行为规范的承诺。

志愿服务：巩固价值共识

场景二

"小朋友，乐高是我们的好伙伴，可不能乱砸，要轻拿轻放，你跟着姐姐做。"一位胸前戴着蓝色牌子的女孩子微笑着指导一年级小朋友轻轻地把乐高放回乐高池。

大家共同制定行为规范后，如何有效落实？如何让大家都参与到行为规范的管理中，让大家共同遵守规则、维护规则？

学生联盟组织开展志愿服务活动，在校园各个活动空间设置志愿服务点，分发志愿服务卡，倡议每位同学自主申报参与志愿服务。志愿者在各个服务点主要是温馨提醒同学们遵守空间规则，耐心地指导和帮助同学们规范自己的行为，温暖地给需要帮助的同学提供支持和帮助，积极主动整理志愿服务点等。志愿者每次的服务时长都会记录在志愿服务卡上，累积达到一定的志愿服务时长，可以兑换一个相应的权利。这从外部刺激了学生主动参与志愿服务，尽量让全体学生都参与到行为规范管理中去，体现了学校的自由、公正、平等。联盟成员对志愿者们进行调查和反馈，他们发现很多同学在进行志愿服务之后都纷纷表示今后会更加注意自己的一言一行，遵守规则，让道尔顿小学更美好。

学生联盟的志愿服务活动更重要的是引导同学们从他人的行为、生活中反思自我，从而更好地进行自我教育，激发他们的内驱力，将价值观内化于心、外显于行、固化成性。

项目活动：尝试价值实践

场景三

一天中午，学生联盟的成员们拿着厚厚的问卷走进一个个班级。"同学们，SNACK 时光（课间餐）中你们最喜欢吃的是什么啊？"联盟成员小谷问大家。"我最喜欢布丁！""我也是！""我最喜欢黑森林！"同学们兴奋地说着。小谷又问："那你们对点心有什么意见或建议吗？""我不喜欢饼干，能不能不要做？""我想每天吃黑森林！""同学们，看来大家有很多想说的。那请大家填写一下这份问卷调查，我会把大家的建议反馈给后勤中心的老师，谢谢大家！"

为了改变传统学校辅助员的监督管理模式，减少其他同学对辅助员的抗拒，学生联盟开展了主题式项目探究活动。

学生联盟的成员将自主发现校园中存在的问题确定为自己探究的项目主题，比如，如何引导同学做好活动区的整理工作，如何避免 SNACK 时光的浪费现象，如何引导同学做到餐盘轻拿轻放等。老师会做好协调工作，每个项目组进行不同主题的探究。各项目组自由发展成员，共同探索、共同实践来解决问题。

面对一些常规问题，各项目组的学生会自主引导和帮助同学们遵守规则、规范行为。例如，引导同学们做好活动区的整理工作项目组，他们每个课间轮流在校园各个活动区温馨提醒同学们进行整理，保持环境整洁；指导低年级的同学进行整理；帮助来不及整理的同学及时整理；同时还温暖地提醒活动区域的同学遵守其他的活动规则，给有需要帮助的同学提供支持和帮助等。

面对一些较难解决的问题，项目组成员会深入思考，努力从源头上杜绝这类问题的产生。例如，SNACK 时光中点心的浪费现象。项目组成员设置"点心调查问卷"，发给全校同学做调查，统计出大家喜欢和不喜欢吃的糕点。他们把这一结果汇报给后勤老师，建议后勤老师多准备大家喜欢的糕点，减少不喜欢的糕点。同时他们在晨会上分享给大家节约点心的小方法，倡议大家勤俭节约。通过他们的努力，点心的浪费现象减少了很多。他们将这个做法用到午餐时光中，引导同学们节约粮食，将"光盘行动"进行到底。

反　思

我校依托学生联盟，发挥学生的主动性与积极性，努力创设一个自由、平等、公正、民主的环境，开展促进友善、和谐、文明的活动，激发学生的内驱力，是探索以社会主义核心价值观推动学生价值观形成的深度尝试。学生能更好地独立反思自身价值观及其现实意义，为学生形成正向的价值观迈出坚实的一步。

1. 平等自主，构建主体价值

学生行为规范管理是很多学校的痛点。如果我们只将行为规范作为学生必须遵守的纪律或外在要求，那么它就难以化为学生主体的价值观。学校始终坚持"儿童中心"的理念，尊重学生、自主发展。因此让学生来制定行为规范，让全体学生参与进来，有助于学生更好地理解行为规范的意义，提升其主人翁的意识，成为行为规范的最强支持者和维护者。同时将民主平等的意识、规则意识、契约精神、法治精神等价值观渗透到学生行为中，帮助学生形成个人对集体的责任感，将行为规范发展成为自己的主体价值，从而为构建美好和谐的校园打下坚实的基础。

2. 主动践行，内化价值规范

无论是规则意识的培养还是价值观的教育引导，我们最终都希望学生将其内化。内化是将外部的知识纳入自己的认知结构和行为模式之中。学生联盟的志愿服务活动为全体学生提供了一个价值观实践的场域，不再是被动地学习和接受行为规范，空洞地说树立正确的价值观。在志愿服务的过程中，学生从他人的行为中看到自己的不足，从对他人的支持和帮助中规范自身的行为，从他人错误的思维中重塑自己的认知，主动建构和巩固自己的价值观。开展志愿服务，构建"价值实践环境"，使学生通过自己的活动实现对其价值观的主动建构，真正在心中树立起民主、友善、和谐、自由的价值观。

3. 以人为本，传递价值意义

联盟成员在主动发现问题，自主探索解决问题的过程中，充分体现以人

为本的思想。联盟成员不再教条化地监督，而是主动发现问题，自主想办法解决问题，充分发挥其主观能动性；也不再是生硬地进行管理，而是以支持者和帮助者的身份进行温馨提醒，以温暖、柔和的态度进行指导和帮助。联盟成员以人为本，积极处理好自由与约束、引领与监督、激励与放纵、规范与教条之间的关系，积极传递价值观，使友善、和谐、文明的价值在校园的每个角落都能充分体现。

（温州道尔顿小学　黄文嫣）

小学生校园听证会

背 景

　　培养未来公民的民主意识和能力，中小学教育责无旁贷。目前学生管理面临着很多新问题、新挑战，比如传统学生管理存在民主意识和理念薄弱、管理方式包办为主、师生关系不融洽、学生自我管理能力不足等方面的问题。因此，无论是从有效解决当前我国中小学生管理面临的新问题的角度来看，还是从培养合格公民的角度来看，构建民主型学生管理模式都势在必行。

　　2016年起，学校通过校园听证会、学生干部海选、模拟法庭、校长信箱等方式尝试进行民主教育与管理，以责任担当为使命，以平等对话为基础，通过丰富多彩的民主管理实践，使学生经过历练不断加深对民主的领悟，形成民主意识，提高民主能力。

过 程

　　学校就是社会的缩影，矛盾、冲突、困惑常常充斥其中。

场景一

2017年4月20日中午12：30，五年级足球八分之一决赛在学校操场举行。

五（6）班与五（7）班的两支球队势均力敌，经过 30 分钟的激烈角逐，场上比分依然是 2∶2 持平，两班的啦啦队员紧张地观看着，加油声一浪高过一浪。就在计时裁判员宣布"比赛时间到"后的两秒钟内，五（7）班踢进了一个球，主裁判判定进球有效，五（7）班以 3∶2 胜出。

五（6）班的孩子心生不服，凑巧班主任外出参加培训，情绪激动的孩子们涌到副班主任处寻求支援，在没有得到确切答复后，机智的男生们找到了相关部门负责人——足球裁判、体育老师、校长等，积极反映情况，表达观点，提出申诉，要求改判进球无效，重新比赛或踢加时赛。但在没有立刻得到确切的答复后，情绪激动的女生们采取了一些过激的举动进行抗议，"友谊的小船说翻就翻了"。

一个争议球产生了，是绝杀好球？是无效进球？还是……？两班各持己见，对判决结果争论不休。

场景二

大课间，学校每天都会举行做操与跑操相结合的体育运动。但到了冬天，各班因身体不舒服等诸多理由滞留教室、逃避体育运动的学生增多，时而还听到"改变大课间""取消跑操"等带有消极情绪的建议。

学生对"快乐大课间"有不满情绪，还怎样快乐？如何让大课间活动有效又有趣？

场景三

开学初，大队部招辅助员，学生纷纷表示不感兴趣，各班班主任再三动员，报名人数仍寥寥无几。辅助员招不满，岗位严重空缺，工作无法正常开展。

另外，已有的辅助员的能力参差不齐，在管理中争吵事件屡有发生。如管理午餐的辅助员因阻止学生倒餐盘中没吃完的食物而引发口角，甚至动起手来。辅助员觉得自己是在坚决落实学校的管理规定，却不被理解，感到特别委屈。而倒餐盘中没吃完的食物的学生称自己真的吃不了了，被辅助员逼着吃，也感觉很憋屈。谁对谁错，如何协调？

以上的场景，在校园生活中实属常见，一般而言，双方沟通即可。但是基于"校园是学生的校园""构建民主型管理的校园""尊重是一切教育的基础"等学校追求的教育价值，我们可以以听证会的方式来解决学生的相关问题。

听证会前期准备

1. 确定议题

面对学生出现的问题，本着尊重的原则，学校会充分听取意见，对存在严重分歧或者影响面广、与学生校园生活联系紧密的议题，就会通过听证会来共同协商解决。

2. 调查民意

确定听证会议题后，师生共同设计调查问卷，针对不同的对象随机调查，并做好数据分析，了解民意，为后续工作的推进做好铺垫。

3. 采集信息

通过搜索网络或走访家长、老师，收集议题解决的成功案例或相关规章制度。

听证会基本流程

我校听证会议程大体有问题呈现（事件回放）、现状分析、可操作性方案提出、责任部门回复等步骤。

1. 事件回放

每场听证会开场都会进行事件回放，要求多角度、尽量客观地还原事实，呈现问题。

2. 民情报告

这个环节注重用数据说话，始终坚持实事求是。如关于大课间的问题，我们收集了来自一至六年级学生的意见和建议，制作成数据反馈表，通过数据收集和分析，引导学生更深入、细致地思考问题。

3. 引经据典

他山之石，可以攻玉。如足球听证会上讨论一个争议球的进球是否有效时，信息组同学提供了国际赛事上有关争议球的裁定案例及规定；大课间听证会上，信息组同学播放杭州市胜利小学、娃哈哈小学等多所知名小学大课间的优秀做法的视频……，都为议题的解决提供了很好的借鉴。

4. 多元解答

针对学生提出的议题，相关部门负责人需要在现场做出解答。如"光盘"听证会上，厨师长就膳食搭配做了回应，总务主任回应采纳大小餐盘设置、有条件尽可能满足自主选菜的要求；大课间听证会上，体育组长承诺将改变大课间的活动形式与内容……。有些提议不够合理或者过于个性化，也会当场给予说明，在协商中达成共识。每次听证会均有校级领导参加。

5.现场助推

听证会上会安排场下学生互动环节，300多个学生都可以发表自己的意见看法。这既是对场上信息的补充，更是学生们参与校园民主生活最好的体验。

听证会后期跟进

听证会听证、议政后，议案的监督、落实工作特别重要。

如五年级"光盘"听证会后，我们下发了调查问卷（见表5.1）。

表5.1 听证会反馈调查问卷

**2021年温州市籀园小学
"光盘"听证会反馈调查问卷**

1.你所在的班级是
○一班
○二班
○三班
○四班
○五班
○六班
○七班
○八班
2."光盘"听证会后，学校根据学生提议采取了相应的改进措施，你认为效果如何？
○很好
○好
○一般
○不好
3.在校园生活中，你看到不合理的现象时是否会向学校提出建议？
○是
○否
○其他_____

4.在校园生活中，你认为还存在哪些问题可以通过听证会解决？

5.你认为学校开展的哪些活动能体现校园生活的民主性？（多选题）
○校园听证会
○大队委选举
○"美德少年""校园之星"等评选活动
○春游、秋游、研学等社会实践活动
○校长讲故事
○辅助员、果娃志愿者等学生管理活动
○"百分制"的制定和实施

6.你认为学校还可以开展哪些能让学生民主参与的活动？

改进措施里提到自主选餐，本学期学校总务处已经着手实施食堂改进方案，准备在有限的空间里实施高年级学生自主选菜，同时开始大小餐盘制。学生看到自己的建议被采纳并进入了实施阶段，欣喜不已，同时，他们也看到了民主的力量，这是学生可持续民主参与的动力，也是对民主权益的监督和保障。

反 思

学校听证会，体现了学校德育管理的民主、公开，为学生打下生命成长的底色——拥有海纳百川的气度，有容乃大的格局。

校园生活中生成的资源都是富有生机和现实意义的，都是教育的场。作为学校德育管理者，我们要抓住教育契机，因势利导。

1. 在民主体验中培养学生民主意识与能力

培养民主意识最好的方式就是经历民主的过程。我校的听证会源于生活、源于学生，听证会前广泛听取民声，听证会上畅所欲言合理表达，听证会后监督观察，学生经历了民主生活的全过程。尤其伴随着一个个问题迎刃而解，学生们参与议事、论事的民主意识被充分地激发。同时在此过程中，学生也学习了如何合理地表达声音，可以说校本课程"听证会"与《道德与法治》中的内容有巧妙的衔接。

2. 在民主参与中实现学生价值澄清与选择

校园生活中影响面广的矛盾大多是价值取向以及管理制度等问题。比如中餐，学校要求做到"光盘"，但是有些孩子就是吃不完不想吃，怎么管理？私人定制与统一配餐的矛盾，怎么协调？在听证会上，多方观点产生碰撞，营养专家对科学合理膳食的建议、辅导员对违规案例的分析使学生愈加明晰：珍惜粮食是每一个人必须培育的良好品质；个性差异必须尊重，但是需要配合学校的规章制度，向政教处做特殊申请；争议球的处理上，规则大于情理，等等。听证会使得学生对学校、周围人的价值观进行初步理性的思考和审慎的分析、判断、评价，在价值澄清的基础上做出自己的选择，从而培养品格，形成价值观。

3. 在民主监督中促进校园和谐与发展

一方面，校园听证会的问题源于学生校园生活。校园听证会不是为了获得单纯的决策结果，而是要通过学生的广泛参与，引起学生对现实生活的高度关注，在互动交流中获得学校决策上的共识，进而增强对决策的认同感，从而成为学校行动的最强支持者和维护者。

另一方面，就学校发展而言，有关课程设置、制度文化、场馆功能等，在不同的发展时期，面对不同的学情肯定会存在诸多问题。而其中的校园主体——学生如果能够发现问题并提出建议，那就再好不过了。因此，学校要想方设法为学生创造条件，提供机会，提高话语权，保证主体性，广开言路，这样才能更好地创设适合孩子发展的校园文化。

当然更重要的是，在这个过程中，我们始终坚持学生第一，尊重学生，坚持平等对话机制，把解决问题的主动权交给学生，这也是学校民主管理的基础。

总而言之，学校要努力创造一个民主自由的教育环境，以人为本，优化学校管理方式，以活动为载体，以价值引导为关键，鼓励学生更广泛、更自觉地参与公共事务的决策和监督工作，逐渐提高学生的民主意识与能力，培养其真正成为学校、社会和国家的主人。

（温州市籀园小学　胡晓莲）

我为学校空调管理设规定

背 景

  2019年5月下旬的一天，气温突然升高。学生面对突然闷热的天气，住校的学生要求学校寝室启用空调，发放空调遥控器。一些学生在寝室楼走廊、阳台上敲击脸盆并高喊"开空调，开空调"，还有一些学生在学校公告栏张贴意见书，更有学生拨打"市长热线"，投诉学校在闷热天气不启用空调以致影响师生休息。

  针对这些行为现象，尽管管理学生起居的生活指导师对"喊楼"这种不文明方式加以劝阻，尝试解释还没达到启用空调的气温条件，但成效不大。甚至有个别家长开始给生活指导师、班主任发来短信，要求学校寝室启用空调以应对闷热天气。同时也有班主任提醒，往年就有家长向学校投诉，寝室空调启用时间过早，学生使用不当导致室温过低，造成同寝室多位同学感冒发烧。

  据生活指导师反映，学校这类"喊楼"现象近些年时常出现。每到寒热交替的五月和十二月，就有学生用这种方式表达诉求，并在学生中形成了一种不良的"暗示效应"——似乎学生一"喊楼"学校就会开放使用空调，给人留下了"不喊不开，一喊就开"的坏印象。学校曾经出台过一些空调使用的规章制度，也加强了寝室生活指导师对学生的劝阻管理，但还是未能杜绝这类现象发生。实际上，2019年1月学校政教处已经重新修订《空调使用管理规定》，主要修订内容就是启用标准，并在寝室楼公示，但没有引起学生足够的关注。这次情况比以往严重，学生的申述方法也在升级。

过 程

事情发生后，学校团委马上召集校学生会权益部的学生干部开会，了解情况。情况大致如生活指导师所说。对于现在是否马上开放使用寝室空调，学生有赞成的，也有反对的，还有对"喊楼"方式表示不赞成的。

经过商讨，学校决定利用这件事情，进行一次全校公共价值观教育，重点在于尽量让所有学生都参与，尽量用理据讲清楚道理、辨析价值立场，尽量与学生就《空调使用管理规定》达成共识，希望往后能真正按照制度规定来使用寝室空调。

随后两天的气温回落，为学校的调研和讨论工作争取了时间。学校决定，赶在夏季高温来临之前解决这个事情，分四步推进这次公共价值观教育。

第一步，由学生会权益部组织全校问卷调查，每个学生一份问卷，由学生会干部汇总问卷数据和学生意见。

第二步，召开会议，根据问卷汇总的意见，结合学校实际，讨论商定寝室空调管理办法，主要是启用标准。

第三步，在晨会上公开发布分析报告和学校意见，宣布修订版《空调使用管理规定》，并在各寝室楼大厅宣传栏公示。

第四步，开展后期讨论，由学生会权益部汇总办法实施后的学生意见，交由班长、团支书例会讨论，再做修订调整。

按计划汇总数据和意见之后，校领导、政教处、团委、学生干部一起召开了商讨会。会上，教师做了严谨的分析，与学生干部达成了一致意见，也得到了校委会的认可。第二天，在晨会上公开发布这份分析报告和管理规定，其主要内容分成三个部分。

一是宣布修订寝室空调启用标准："宿舍空调使用条件：夏季室外最高温度达到27℃和冬季室外最低温度达到5℃，且持续3天，开始使用空调；否则，不使用空调。"

二是公布问卷调查数据分析，包括启用空调的标准和赞成人数。粗略估计，共2433人给出了自己的标准，大致有以当天温度为准、25℃以上连续3天、27℃以上连续3天、28℃以上连续3天、30℃以上连续3天、五一节日以后、全年放开自主协商控制7种意见。按照公共利益最大化原则，决定采用27℃以上连续3天的管理办法，这大概可以包括选择27℃、28℃、30℃的1036人的意愿。

三是补充说明采用现行方案的原因，分五点：第一，不以"五一节日后"做标准，因为历年五一当日气温不太稳定，差异较大，只宜做参考标准。第二，不以体感温度与湿度做标准，因较难准确测量温度湿度衡量感受，暂不采纳。第三，关于"全年放开自主协商控制"的意见，这是教育希望达到的理想校园生活。但现阶段，不少同学基于各自利益产生了矛盾，造成了不友好的冲突，所以只能暂不实行。这也是为什么要有制度规定来管理、协调个人利益和公共利益冲突的原因。第四，有同学认为"持续3天为标准不合理"。我们引用了2012年11月6日的新闻，《山东商报》报道济南人大代表联名提出参考西安、北京的规定，建议连续3天气温5℃应供暖。这则新闻可以说明采用"持续3天"是一项通行的做法。第五，充分考虑了学生反映的客观条件，比如，宿舍空间小人数多，室内比室外闷热，寝室没有电风扇，蚊虫多不方便开窗开门，面临高考情绪烦躁，等等。

这一次，学校终于没有再因为学生"喊楼"而不得不启用寝室空调，而是通过让广大学生参与寝室空调管理办法制定过程，体验个体意愿和公共意愿、管理制度与公共约定之间的关联性，同时还明确，在新规定实施后如还有建议和意见的学生可以及时反馈给学生会权益部。这次公共事件的处理，同时也成功地转型为一次对学生的公共价值观教育。经历此事后，没有学生再采取"喊楼"的不文明方式和"市长热线"的"高规格"投诉了。

数日后，气温再次升高，达到了宿舍空调的启用标准——"室外最高温度达到 27℃，且持续 3 天"，学生寝室终于开始使用空调了。

反　思

公共价值观是公民主体在公共生活中的行为正当性原则，对公民的公共道德生活实践具有指导作用。以社会主义核心价值观为引领，培育学生公共价值观，形成价值共识，是校园和谐稳定、学生幸福生活的基础，更是提升学生公民素养的重要方面。经历以上案例事件，让我们学校进一步认识到公民教育、公共价值观教育的重要性与紧迫性。在此提炼以下三点反思性经验。

1. 提升学生公共意识

校园生活中，总有一些学生缺乏公共意识，对班级同学、对寝室室友，对身边环境不太友善。学生生活在校园等众多公共生活场域中，个人利益必然会和公共利益发生冲突。本案例中，开展全校性的问卷调查，其实也是为了引导学生认识到个人利益和公共利益之间可能存在的矛盾，多方利益人在同一个问题前面会有不同的诉求。在公共利益面前，只有个人学会转换角色身份，自觉从个体价值立场转向社会公共立场，才能从公共立场与利益角度去思考、解决问题，并懂得自觉调整与取舍。

2. 倡导公共契约精神

我们还努力提醒学生，公共价值中包含了契约精神和规则意识。在原有的管理规定没有更改修订之前，也要先遵守，这是对原有的契约的尊重，而不能以"喊楼"的方式抗议或者撬开电源私自使用。后来经过讨论达成共识确立的新的《空调使用管理规定》，也只有大家在达成共识基础上做到自觉遵守，这份契约才真正有效。对公共生活价值的认同，并不是要求人们彼此一致，而是彼此沟通理解，在包容各自差异的前提下，在认知和心理上接纳他人，悦纳规则。通过彼此认可的公共规则，才能构成有序的公共关系。所以哲学家哈贝马斯认为，一个规范的有效性前提在于：普遍遵守这个规范，对于每个人的利益格局和价值取向可能造成的后果或负面影响，必须被所有人共同自愿地接受下来。

3. 坚持学生主体原则

学生校园生活中的种种问题，恰恰给我们的公共价值观培养提供了最贴切、最生动的平台。学校在进行校园公共事务管理时，务必要注重坚持充分尊重学生主体的原则。对于校园公共事务，我们要引入学生参与决策和管理，要让学生为自己相关的公共利益合理地主动发声，也要让学生对自己的发言负责。无论是校方还是学生方，我们都要尊重和遵循公共行为的两个原则：公共利益最大化原则、正当正义的原则。只有为学生创设真正民主、公正的校园生活环境，让他们有机会真实地经历与践行，他们才可能成长为具有民主精神、公正意识的未来社会公民。

（浙江省温州中学　施晓武）

协同育人篇

青少年儿童价值观的形成与发展同他们的生长环境密切相关，各中小学的价值观教育也离不开与家庭、社会的协同共进。这样的"协同"，既要在"培育什么人"这个教育的价值问题上达成共识，又要在"如何培育人"这个教育的实践问题上形成合力。这其中既有对青少年儿童价值观问题的关注，又有对家庭、学校、社会协同育人之价值环境的探索。

本篇6个价值观教育案例，在协同育人途径上进行了不同程度的探索。其中班主任显然是重要主体，无论是个别学生的价值观问题或心理问题，抑或是班集体核心价值观建构，都离不开他们与家长的有效沟通，以及育人价值共识的达成。同时，通过校本课程、活动载体、管理制度等途径，主动改善家庭教育价值环境，积极引入社会价值观教育资源或平台，从而净化学生成长环境，助力广大中小学生健康成长，显然也成为当前许多中小学正在探索的新领域。

"友善"的心育力量

背　景

在社会主义核心价值观中，"友善"是对公民维系良好人际关系和社会关系的基本道德规范。在孩子的心中种下友善的种子，对孩子拥有良好的人际关系至关重要。但在小学低段，如何让每一个孩子知道友善的真正含义，需要教师用心倾听他们对友善的理解，身体力行践行友善的行为，将友善之念浸润孩子心田，才能真正内化友善这一社会主义核心价值观。

同伴友好交往是学生成长中的重要课题，是促进学生身心健康发展非常重要的影响因素。本案例讲述的就是两学生之间的矛盾升级到家长之间的冲突，一时间闹得沸沸扬扬。为了缓解矛盾，学校进行了紧急协调处理，同时由心理老师进行疏导，希望能通过德育和心理辅导交融并促，化解矛盾，助力学生健康成长。

过　程

作为心理老师，笔者接待了两位学生及其家长。被告状的是一位7岁的男生小威。他外表看上去特别壮实有力，据说调皮却人缘不错，思想上有点

"早熟"。小威前段日子欺负了同桌小丽，原本班主任和家长是希望他们坐一起可以互相帮助、友好交往，却没想到发生"欺凌事件"。小威及其家长应邀来访，近距离地与该生从心理层面进行了交流，了解到了学生对友善稚嫩的认知及其家庭教育情况，由此展开了一番关于友善教育的探索。

用友善的态度激励孩子诉说内心需求

小威在班主任的带领下怯生生地来了，本以为见老师可能会被狠狠地再训斥一顿，但是在心理辅导室里，他感受到了老师对一个"犯错"学生友善的态度，小威感觉安全和放松，很快融入交谈中。他慢慢打开了话匣子，虽然没有提起与小丽的"恩怨"，但是他说了很多内心的想法，真实地反映了他在同伴交往中的许多认知偏差，比如想通过另类招数让同学喜欢他，用"打斗"在同学间树立自己的"威望"等。发现了这些认识上的错误后，我并没有去批评指责和讲道理，而是带着一分好奇，和小威来一次心灵之旅，让他真正明白自己想要的是什么。因为作为老师，对孩子的信任非常重要，不因为错误就否认他们内心的纯真和善良。

小威说："老师，我跑步特别快、游泳姿势标准、认识的字也特别多！我力气大，看我这个拳头，我可以打得过好多同学！很多同学都要听我的！"听着他的表述，我似乎突然感悟到孩子藏在"拳头"背后那颗渴望被同学认可的心。而他展现在其他小朋友面前那些不友善的行为，却一直在阻碍着他与同伴之间建立和睦的关系。我开始引导他去了解自己为什么喜欢捉弄人的内心渴望——其实是希望能与同学一起玩、受到他人的关注与认同。当孩子把内心的渴望说出来，知道自己真正的需求时，他就有了觉察，意识到自己与同学可能有着不同的感受。友善的威力比拳头的威力更大、更能得到同学的认可，同时也让小威头脑风暴，说一说如何做出友善之举，才能获得同学们由衷的佩服和喜欢。

在谈话结束前我请小威画了树木画来了解他的心理状态（见图 6.1），他的画虽笔触有些随意，但树上的星星特别多，这些星星是他特别期待拥有的。他内在想要的"被看到、被关注"可见一斑。

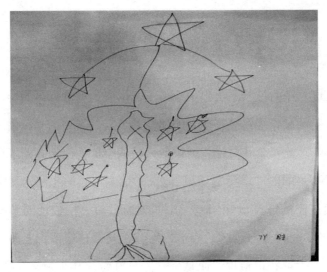

图 6.1　小威的树木画

用友善的亲子互动树立孩子模仿的榜样

家长是孩子的第一任老师，想要孩子完成的改变家长可先行。在这次心理辅导中，小威家长非常配合。小威是家中独子，父母疼爱有加。平时妈妈工作虽忙，但很关注孩子的学习与成长。只是小威妈妈的情绪容易受小威表现的影响，尤其是收到小威老师的"告状"后就会波动比较大，容易焦虑、愤怒；小威父亲是一个对孩子比较严厉的人，时常会实施棍棒教育。

在交流中，我试着引导家长不能一味盯着当前孩子的问题与缺点，而是要多发现和认可孩子身上的闪光点并正向引导。孩子年龄尚小，在内心种下一颗友善的种子非常重要，所以当我问到"我们如何让孩子立志高远、成为一个对自己和对他人负责任、友善的人？"时，小威父亲的眼神闪现出些许光芒，似乎感受到"父母之爱子，则为之计深远"的意蕴。同时我也委婉地提醒："如果想要孩子管理好自己的情绪，家长首先要做好榜样，言教不如身教，善待孩子才能让孩子学会善待他人与社会。"小威父母听到此话赞许地点点头。

用友善的教育方式熏陶学生的情感

小威所在学校非常重视对学生的心理健康教育及良好道德品质的养成。针对此次事件，学校组织开展班主任论坛。在现场，老师们畅所欲言，大致有以下几种观点。

（1）要严厉遏制学生的不当行为，不仅要快速，而且要惩罚鲜明，要坚决制止类似事件的发生。

（2）对于小学低段学生要以家庭教育为重，在学校教师要用爱心、耐心有效地引导，用心寻找途径和方法暖化孩子的"铁石心肠"。

（3）对学生的不良行为要通过两种途径进行管理：一是根据校规校纪予以惩戒；二是要结合心理辅导，让价值观教育能由外而内扎根。

老师们的观点不由让我深思。在许多老师眼里，孩子往往是"受教育"的对象，是需要被剔除某种错误的"产品"，应该通过某种或硬或软的方式进行"规范"和"塑造"。这何尝不是一种不平等的师生关系，一种权威式的教育行为。也许当我们真正能试着以平等的立场去了解孩子的内心需求，了解他们行为背后的原因与动机时，或许会持有一种更友善的教育观念与行为。

反　思

一场风波暂且平静了，但它引发了我对行为失当孩子教育方式的思考，对"友善"价值观如何内化于心、外化于行的探索。

1. 价值澄清，助力学生对"友善"有正确的认知

石中英教授在《当前加强青少年价值教育的几点建议》中写道："教育是对人的发展进行引导和限定。没有明确的价值教育意图的行为根本谈不上是教育行为。从这个角度来说，教育就是价值教育，任何教育活动都必须包含价值教育，都会对青少年学生的价值成长产生影响。"学校心理辅导工作也是教育活动之一，它必然存在价值的引领。所以对于学校心理辅导老师来说，掌握一定的价值分析与引导方法是非常必要的。

如就本案例来说，"不友善"是小威行为偏差上的主要表现。辅导教师首先就要理解"友善"的内涵。小威有"被关注和认可"的内在心理需求，但他没有处理好内在心理需求与外在行为表达之间的转换关系，起码他的家庭环境没有为他提供充分而有力的示范，所以他在力图满足自己需求时，采用了不恰当的"拳头"方式，导致一种外在行为上的价值偏差现象。对于这类孩子的引导，关键就在于引导他看到自己真正的需求，并引导他以正确的价值原则（如友善）来调整自己的行为。

2. 环境营造，培养学生对"友善"有深切的情意

校园中孩子间发生矛盾很正常，但怎样引导学生们在解决矛盾冲突时，坚持关爱他人、友善待人的价值品质或行为准则才是教育的根本。小威只是

个案，但是像小威这样的孩子很多。我们如何引导校园中的孩子们都能够友善待人，将"友善"价值观根植于心、外化于行？

首先，我认为非常有必要把"友善"价值观视作是预防校园欺凌、构建和谐校园的关键要素，并通过倡导明确的"友善"价值观，为学生提供践行友善的各类活动平台、肯定与宣扬种种友善行为与典型标杆等途径，构建具有友善核心价值的校园文化生活。因为只有在生活中体验过友善的人，才会珍惜友善价值，才会努力去做一个友善的人。

其次，人际关系的好坏往往是衡量心理健康与否的重要指标之一，而友善是良好人际关系的重要方面。所以构建友善的师生关系、家庭关系是我们教育工作者必须关注的。作为老师，要有自觉而敏锐的价值意识，要把平等、尊重、关爱等价值观作为自己与学生交往的基本准则。而亲子关系中的教育误区，更需要我们努力去引导。

再次，通过各种活动形式，如学生喜闻乐见的绘本、动漫、心理剧等，唤起学生内心"善"的种子，让孩子在友善的校园里得到心灵的滋养，茁壮成长。

3. 价值践行，鼓励学生对"友善"有明确的行为

行为往往受想法和情绪的影响，从知道友善的行为到真正做到友善，这需要一个过程。在情绪状态良好时，友善易行；而当情绪状态不佳时，则更需要管理好情绪，这时能否做到友善就是对我们更高的考验。作为师长，带着预防和发展的眼光让孩子去掌握各种状态下如何去践行友善，这需要一系列的课程来开设。同时，师长的言行也是非常有意义的"教材"。

友善对提高我们的公民素养、提高社会文明程度意义深远，将社会主义核心价值观渗透到每一个孩子的心中，从知、情、意、行上接纳并践行，让每一个孩子都拥有向上、向善、高尚的优良品德，最终实现身心健康全面发展。

（瑞安市教师发展中心　陈美丹）

不一样的"位置风波"

背　景

四年级上学期，教室里的座位安排排到最后，就那么巧，我们班家委会会长的女儿——优秀的爱干净的女生小瑶和班级里"脏乱差"的后进生小黄成了同桌。我内心翻腾，表面不动声色，将错就错，拉住小瑶说："这个学期你多帮帮小黄，让他也更优秀。"

其实我内心很纠结：小瑶的妈妈作为家委会的会长，怀着二胎还时不时来班级忙这忙那，本来我是想多少照顾一下小瑶。现在我非但没照顾，小瑶还和班级里"脏乱差"的代表小黄同桌坐在了最后一排，我心里也很是过意不去。

果然我刚到家，小瑶的妈妈就发来了微信。该来的总会来的，我想。

我一看留言是："今天丫头回来很高兴。"不对呀，台词和我想的不一样啊！

"今天老师排的位置令她很高兴。"没有提出换座位，对座位还很满意，更出乎意料了。

"这个学期，她一直希望自己也能帮助别人。今天和小黄当同桌，她很开心，她说这个学期她也可以帮助小黄。谢谢老师给她这样的机会。"

……

我按捺住内心的喜悦，顺水推舟："谢谢您的支持和理解。"

"我是很理解的，像小黄这样的单亲孩子，家里情况我们也知道，只能让同学和老师多关心一些。"家长的一番话让我感激涕零。

作为班主任的我们处理了太多不友善的鸡毛蒜皮小事；见惯了家长们的"无理要求"。今天小瑶和她的妈妈真的感动到我了。我遇到待人友善的孩子，不仅不介意自己的同桌是"脏乱差"的后进生，还愿意帮助同桌；我还遇到待人友善的家长，不仅不介意自己的孩子坐最后一排，还这么支持自己的孩子和后进生同桌，支持我们教师的工作。我们一直抱怨学生之间不能友善相处。其实生活中就有很多友善的例子，只是我们一直没主动去发现罢了。

过 程

"位置风波"是教师在日常教学和生活中常见的"小事情"。这次的常规教育中的非常规事件在带给我震撼的同时，我看到"友善"价值观在萌芽，我要促使它茁壮成长，催开美丽之花，结出丰硕的果实。于是，我抓住契机对学生的"友善"价值观进行了培育，取得了一举多得的管理班级效果。

三个 "一" 活动，培育 "友善" 价值观

班级聊吧是我们学校的一节短课，时长 20 分钟，是班主任和学生交流沟通的时间。利用我们的班级聊吧，我进行了培育"友善"价值观的三个"一"系列活动。

1. 一节精心设计的班级聊吧

在"友善花开香万里"一课中，短短的 20 分钟，学生通过视频、故事，

结合班级实际事情，初步了解了什么是友善。我趁机声情并茂地讲述了小瑶的故事，高度赞扬了她的友善之举。课后，布置了寻找班级里的友善事件，让学生去留意生活，发现生活中的真实发生的友善故事。

2. 一次目标精准的班干部会议

俗话说：火车跑得快，全靠车头带。班干部就是班级的火车头，一个有凝聚力的班干部团队能引导班级的凝聚力。班干部月例会就是我们凝聚班干部团结一心为班级的时候。

这个月的例会，我趁机了解了班干部收集和记录的友善故事，因为我将引导学生去践行友善。本次班干部会议是对学生践行友善可行性的一次前测。事实证明，大部分学生都有一颗乐于助人的心，他们不仅发现了班级里有很多像小黄这样需要别人帮助的孩子，也愿意带头帮助他们，为后面友善之行的推广做好了铺垫。

3. 一场仪式精致的"青蓝"结对

有了愿意帮助同学的优秀学生（蓝），有了需要帮助的后进生（青），还需要一点"仪式感"。青蓝结对仪式，希望"青出于蓝而胜于蓝"。结对建立在双向选择上，需要帮助的同学可以自主选择优秀的同学做同桌，优秀的学生也可以表态同意与否。选择完毕之后，在激昂的音乐中，签订结对协议，像电视里签合同一样握手，发表感想或自己要达到的目标。

> 搭建展示平台，践行"友善"新风尚

价值观的培育不是一朝一夕的，需要实实在在的持续的行动。为此，我搭建了"友善"展示台，这是展示学生友善故事的平台，一来展示青蓝结对两人的实际行动，二来展示学生们生活中发现的友善之举。学生很乐意被同学记录友善之举的，班级"友善"的正能量得以宣扬，"友善"新风尚花开朵朵。在日常生活中学生进一步判断并明晰"友善"价值观，不断引领学生建立及践行"友善"价值观。

增加特色表彰，引领"友善"新高度

一学期很快过去了，我们班级同学之间更加团结友爱。在相亲相爱的友善学堂里学习生活，班级里的"小矛盾""小摩擦"少了。班级整体的水平都在进步，期末成绩更是进步明显，幸福与欢乐洋溢在每一个笑脸上。期末我们在学校的常规奖项外，增加了特色奖项——友善之星。期末的表彰大会上，小汪和小李以友善行为最多被评为"友善之星"，帮扶的同桌里有5组被评为"班级好同桌"。

自此，我们班形成了这样的惯例，即成绩前几名同学雷打不动地和需要帮助的孩子做同桌。家长不再关心自己的孩子坐在教室里"学霸区""养老区"还是"娱乐区"，因为对一个班风好、学风盛的班级来说，这些"区"已不再存在。

反　思

托尔斯泰说过："如果一切皆善，那么一切皆美。"其实待人友善是中华民族的传统美德，是每个人都应该具备的良好品质，更是我们新时代小学生应该具备的优秀品格。日常人际交往中如果小学生常怀友善之心、多行友善之举，就更能扣好人生第一粒扣子，树立正确的世界观、人生观。

1. 家校携手："小"中见"大"引导"友善"价值观

教室里的座位竟也成了家长学生争夺的宝座，被人为地分区，成了"地位"的象征，不得不说家长们的价值观有了一点点偏差。座位的安排是个小事，但小事做精致确需一点点的创意。座位安排中，在一位家长理解与认同下，我抓住了契机，让"友善"正能量得到宣扬，从而得到了更多家长的理解与认同。他们不仅认同了"让自己的孩子做好自己的同时力所能及地帮助小伙伴"这样的育人观念，还主动加入协助班级管理的队伍，携手并进。如佐佑爸爸主动承担起背诵打卡统计任务，督促每个学生；好妈妈每天把好同学的家校联系本拍照发到班级温馨群，供大家核对作业；家委会的家长为期末颁奖早早准备好"大礼包"……

2. 师生同创：多"点"开"花""友善"价值观

对学生价值观的培育，我们班主任要多点心思，精心设计课例，切实落地生根；多点创意，用心开展社会主义核心价值观活动，扎实有效长久；多点赞赏，真心表彰践行社会主义核心价值观的学生，务实激励有趣。本案例中，我结合位置安排中发生的友善故事，紧跟着设计三个"一"系列活动，以点带面地激发全班学生的友善助人之心，引导他们在双向选择自己的同桌中感悟友善……。多"点"开"花"让师生同创友善新局面成为可能，友善搭档成为我们班座位安排的一种常规，友善在孩子们心里生根、发芽、开花。

3. 生生共识："知行合一"共享"友善"价值观

价值观的培育不能只停留在嘴上说说，需要养成习惯落实到每一天。正确的价值观的培育从被动到主动需要经历强化监督的过程。学生相互之间记录同伴的友善故事，发现小善举，在活动中体验，在生活中践行，知行合一践行"友善"价值观。每学期的"友善之星""班级好同桌"评比，更成了学生在日常生活中践行"友善"价值观的潜在标准。全班形成的"友善之风"发挥了比各种行为规范处罚更为有效的引导作用。这真是给了我一个意外的大惊喜。

（温州市瓯海区南瓯实验小学　陈相珠）

"和谐"三部曲：理解、包容、关爱

背景

初入职场，我满怀期待接了一个崭新的班级。然而，所有的热情抵不过现实的"三盆冷水"。我年轻教师的身份，让费尽心力把孩子送进初中名校的家长从开学第一天起便带上了满心的质疑。因为抽签组班的原因，班级接纳了一个患有自闭症需要家长陪读的特殊孩子，这成了不少学生与家长心头抹不去的"忧虑"。在这个班级的第一次家长会前夕，家长群爆发了要把这个班级整个教师团队替换的声音。莫名其妙的谣言也开始在群聊中传播：班级成绩垫底、老师刚毕业、接纳特殊孩子说明这个班级全段最糟糕……

莫须有的一切，让第一次的家长会成了一场我必须全力以赴的战役。如何为这个从一开始就缺失"和谐"的班集体找回"和谐"，成为我初入职场的一场大考。

过 程

理解——构建孕育"和谐"的土壤

　　一周后，学校组织的家长会必然到来，无论如何我都必须直面家长，所以，我开始冷静下来思考家长不信任的根源。事实上，家长所做的一切看似怀有恶意，实则是对孩子的浓浓爱意。家长的根本目的是让孩子能接受最优质的教育。而现实的矛盾是，他们付出了大量的精力与财力将孩子送进心仪的学校，却要承担老师缺少经验的风险。论谁都可能心感不安，只是今天的他们选择了更加偏激的方式来排解这份不安。既然已经理解了家长的本意，我想倒不如摆在台面上把话说开。于是我准备了一段发自内心的讲话。

各位家长，你们好！

　　很高兴也很荣幸今天能站在各位家长的面前。我知道，在座的很多家长开学至今心里都有点担忧，担心我是一个刚出校园的青年教师，我是不是真的能帮助孩子学好。说实话，我刚听说大家的质疑的时候，有些难过。但讲真心话，我真的也非常理解。

　　很多年之前，我的母亲也与在座的很多家长一样。她付出了很多的时间与精力陪伴我成长，她最大的愿望可能就是我能好，能有光明的前途。在我小学、初中阶段，她拿出大部分的积蓄购置学区房，甚至不惜学习孟母三迁，毫无怨言。她一直期待，能够尽她最大的努力为我争取最好的教育资源。我母亲一向是一个随和的人，但凡遇见与我的教育有关的话题，她就会像变了一个人一样，苛刻、较真。今天的我非常理解这其中的缘由，只是因为这个被送去学校的孩子，是她一生中愿意用生命去守护的人，是她最宝贝的宝贝。所以她有最简单的愿望——"我想我的孩子好"。

我想，今天的你们，或许就与当年我的母亲的心情是一样的，所以我很理解，也很感动，更加感谢。因为这一切担忧的背后，就是家长心里那份对孩子关怀的热切，而这也证明了我与你们每一位有共同的目标与愿望。

不论如何，任何的质疑都是为了更好的鞭策。能成为孩子们成长路途中一个小小的陪伴者，始终是当下的我最温暖的荣耀。谢谢！

家长会后，我便收到了家长们发来的微信消息。小文妈妈说："昨天的家长会你讲得非常好。感谢你对孩子的付出，感受更多的是感动：感恩有你，衷心地对你说声：谢谢老师，辛苦了！"小萌妈妈说："尤老师，很震惊，很感动，为你叫好，为女儿能有一位这样的老师感到幸运、自豪。"小凯妈妈说："您辛苦，今天起，老师这个称谓让我有了新的认识，谢谢您，以后多交流！"……

终于，设身处地的理解化解了这场"不和谐"的"战役"。实现"和谐"的第一个要素，便是相互的理解，它也为接下来班级的和谐带来了生长的基础土壤。

包容——打开生长"和谐"的空间

在化解完家长方面的矛盾后，我开始着手班级个别学生的问题。当初在第一次见面时对我存有质疑的孩子，在后来将近一个月的学习里始终对我抱有戒心，课堂上揪着我的口误不放，课上顶撞，期待用每一个小细节来摧毁老师的威信。孩子对我存有的质疑，不断在小小的班集体里渲染开来。

我想，要化解这场危机，必须先从带头质疑我的小明入手。小明有些特别，他喜欢打小报告，在乎成绩但却只在班级中下游，卖力参加校队训练却只因为那是母亲所爱。他来自单亲家庭，在乎母亲的感受，也同时讨厌母亲的控制。串联一切，我突然看懂了这从夹缝中生出的敌意。这敌意源于他对母亲的依恋，源于母亲对他的密不透风的压力，源于他为了躲避压力而转移注意力的无奈与故作强大。如果说，生活与家庭都逼得小明太紧导致了这一切，我愿意给他喘息的空间，我决定包容他的行为，不吝啬地给予他一个和谐轻松的成长空间。

我开始在家校联系本上以朋友的方式与他交流，但绝口不提他对我的那些小针对。

第一天留言：今天在校门口，看见妈妈送你来上学，你们都笑着，真好！

小明回复：（画了一张笑脸）

第二天留言：今天路过教室，看见你上课在玩手指头，明天要认真听讲啊！

小明回复：（画了一只眼睛）

……

直到有一天，小明的作业登记本上出现了这样一行字："老师，对不起。"

我做的一切并非期待小明给我一句对不起。教育从来都不是为了通过孩子的退让来炫耀自己的成功，而是为了让孩子在内心深处真正植入优秀的品质。随着小明问题的解决，"不和谐"的带头人逐一"倒戈"，班级的"不和谐"风气也开始慢慢消散。

不久，我在小明的作业本上收到了小明妈妈的留言："尤老师，您是我见过最优秀的班主任。小明爱您，我也爱您！祝您在这条路上越走越辉煌！"自此，小明妈妈也开始在家长群化身为正能量的代表。越来越多的家长加入了"相信我"的队伍，一切都开始向光明的方向发展。

我仿佛看见了曙光。但是距离这个班集体真正吹来和谐之风，还有一段道路在等待我去探索。

关爱——丰富发展"和谐"的养料

乘胜追击，在解决家长与关键孩子的矛盾后，我开始以班级的特殊孩子小力为切入点建设集体。学生不接纳小力的特殊性，并由此质疑班级的优劣。面对如此"不和谐"，我决定利用它转劣势为优势。

我趁小力不在班级的一个下午，筹备了一次班会。为学生展示了我国自闭症儿童的现状以及自闭症儿童的特点。学生在课堂中开始了如何接纳小力的探讨。于是我便顺水推舟，组织学生开展了"你好！小力"的活动，让学生探讨我能为小力做什么，并将可行的计划加以实践。每天下午小力提早放学后，由值日班长总结小力身边的正能量并加以表扬。学生们开始了一件件他们自己主动提出的关怀活动。中午分发快餐的时候，孩子们轮流首先将小力的那一份送到他的位置摆放好。下午值日，孩子们轮流帮助小力完成清洁工作。原本下课后小力难以融入集体，因为他喜欢反复追问同样的话题。现在孩子们也慢慢学着接纳，组成下课陪伴小组，轮流陪小力玩耍……，慢慢地，孩子们不再追问为什么小力被分在我们班。有一天，我看见小力的组长小青在家校本的留言栏写下这样一段话："小力之所以出现在我们班，或许并不是因为我们最差，相反可能是因为我们是最好的。"下面写着小青妈妈的补充评语："我们感恩小力走进我们的班级，也感恩小力出现在我孩子的成长路中，是他教会了孩子们如何去爱。也感谢您，老师。"而后不久，小力的妈妈也给我发来了这样一条微信："老师，过去我总觉得小力的自闭症是我们全家的不幸。但遇见你，遇见你所带领的班级后，我发现，小力和我们整个家庭才是这个世界上最幸运的人。"至此，我想，如何建立班级和谐的同学关系，孩子们自己已经找到了答案，那就是关爱。

以此为基点的关爱活动，在日常我看似不经意间的表扬中，从只针对小力给予关爱，慢慢发展到了同学之间的互帮互助。用关爱挖掘善意，和谐便自然在其支持下发展壮大了。

反　思

党的十八大把"和谐"作为社会主义核心价值观的基本观念之一。在社会生产力水平日益提高与社会竞争不断加剧的今天，人与人之间的矛盾需要通过培育"和谐"价值观来调和。践行"和谐"价值观将滋养个人内心的幸福感，也将为由众多个体组成的集体带来更丰富的创造力与可持续发展的空间。因而，和谐之风的建构，对于任何一个集体而言，都有着非凡的意义与价值。

1. 矛盾冲突——价值观教育的契机

在班级管理中，班主任往往会恐惧班级矛盾与冲突的产生。然而在人类文明的发展史中，人类文明正是因为各种不同的矛盾冲突而不断发展推进的。教育管理者更应该将目光放得更为长远。我的班级正是因为在组建初期呈现各种不和谐的冲突状态，才为后来的班级和谐之风的探寻提供了生长的土壤。学生价值观的缺失或是偏差，并不是班主任工作中的"不幸"，而是一个能够引导学生重新解读和践行价值观的契机。

2. 多点联动——价值观教育的抓手

在班级"和谐"价值观的建设过程中，我将学生个体、家长群体以及学生群体理解为多维一体的联动结构，进而逐步形成以"和谐"价值观为核心的班级风气。价值观教育除了要解读价值观本身以外，还要关注价值观教育的受众。价值观教育的过程不能仅仅着眼于个别学生，还应关注学生群体甚至于家庭教育。唯有做到家校联动以及学生个体与群体的相互影响，才能将价值观教育贯彻始终，深入人心。

3. 以育促教——价值观教育的根本

从最初企图对家长与学生说教，到后来决定用真诚的理解、包容和关爱来带动家长与学生自主建构班级的和谐之风，"和谐"价值观在践行中被不自觉地内化并成为一种大家共同的价值追求，推动着班级在和谐中可持续发展。班级家长积极配合学校并主动学习家庭教育相关技巧，学生则在和谐互助的班级氛围下愈发感受到学习的乐趣。价值观教育本质上就是一场教人如何做人的教育，更是一场带领人寻找幸福与正能量的终极探寻之旅。以育促教，让价值观教育成为一切教育的根本，为每个孩子追求幸福与快乐提供助推的力量。

（温州市第二中学　尤纯纯）

"小河长"巡河记

2018年3月22日是第二十六届"世界水日"，3月22—28日是第三十一届"中国水周"。温州市治水办（河长办）、教育局、水利局、少先队温州市工作委员会联合主办，选100名小学生开展"我是小河长"主题活动。这是一次引导学生参与社会公共事务与志愿服务的活动，不仅能让学生体验到公民忠于职守，克己奉公，服务人民，服务社会的敬业精神，更要激发出通过自身努力主动去维护我们城市生态环境的意愿，提升人人自觉参与，人人主动维护，自觉遵守道德和法律规范的公民意识。

过 程

源于任务分配的启动

2018年3月17日，学校接到区团委分配的任务，选派2名学生参与温州市小河长巡河活动启动仪式。学校把这个任务落实到我班，我挑选了两名班干部，通知他们家长3月24日早上9点准时参加活动。没想到活动当天，其中一位家长突然告知我，说他孩子要去学奥数，不能参加活动。我只好临时找了另一名学生代替参加启动仪式。

3 月 24 日上午，来自我市各小学校的百余名小河长兵分多路，奔赴鹿城、洞头、泰顺等 11 个县 (市、区) 各河道，跟着"大河长"开展一场声势浩大的巡河活动，实地查看河道水质，听治水一线好故事，一同守护身边的河道。

"水质原来是这样监测出来的呀"，"多亏了河道清洁工们的辛勤工作"，"我们以后不要往河里扔垃圾了"，"我要每周写一篇巡河日记"，……一群身着蓝色志愿者马甲的小河长，还有接送的家长俨然成了爱河、护河的一支"流动宣传队"。

就这么结束？

可是，当热闹的小河长巡河活动启动仪式结束后，却很快陷入令人尴尬的"沉默期"。原应继活动之后进入"活跃期"的温州市"小河长巡河日记平台"却很少看见小河长们的巡河日记。负责此项任务的区团委负责人在微信群里呼吁小河长们多巡河，多写巡河日记。可微信群里，家长都是推托自己孩子没时间去巡河。在学校里，孩子说不知道巡河日记具体怎么写，不敢写。

无奈之下，我从日记格式到日记内容，从简单罗列到具体描述，从问题发现到表达感受，从观察方法到巡河意义，手把手指导班上参加启动仪式的第一个同学写巡河日记。

时间：3 月 24 日星期六　　天气：晴　　地点：洞头区南塘河
天格外的蓝，蓝得让人陶醉；云格外的白，一丝丝白云在空中悠悠地飘着。风柔柔地吹，吹绿了草，吹开了花，吹响了巡逻的号角。我们漫步在大堤上，开启了巡逻的脚步，微风吹过，旗帜高高飘扬！我们跟着小河长的旗帜向前进。

天和水相接在一起，水面上闪烁着充满朝气的春日快乐的光芒。我们欢天喜地看着河面，水真静啊，静得让你感觉不到它在流动；水真蓝啊，如同刷上了颜料；水真美啊，美得仿佛那是一块无瑕的翡翠。

我们沿着大堤继续向前走，前方是白鸟的地盘，白鸟铺展着翅膀起起落落，时不时你在前，我在后，排成一片翻飞的白色，飞成一篇有声有色的乐谱。它们自由自在，悠闲地飞着，在河面上飞来飞去，嬉戏玩耍。这里可真干净啊！我不禁赞叹。

返回的时候，我们偏离了原路，经过一座桥。桥下真让我大吃一惊：水居然是墨绿色的，非常浑浊，看不到底。在桥的边上漂浮着树叶、木棍，还有一点点黑色的塑料……。总而言之，常见的、能漂在水上的都有。它们零零散散，散布在桥的四周，那看起来还是好脏的！不过还好，也只在桥的周围。

我们向桥的内侧望去，只见有一个工作人员拿着一个网，正在辛勤地工作着。他一边拿着网捞，一边伸缩着木杆，捞个不停，这边有，那边也有。啊，真是辛苦啊！在那一侧的这一区域里面，可真是够脏的。上面漂浮的一层油油的、发霉似的东西，一想到就让人感到恶心，有点儿像煮过肉，浮在汤上的东西。工作人员熟练地撑着杆子，用前面的网捞不停打捞。可是工作人员捞杆也没那么长啊！远处的怎么捞得到呢？只听边上的带队老师说："有时夏天还会冒泡呢！要是游客高峰期非得以为这是垃圾池，专门扔垃圾的呢！"

我不禁产生了疑问，为什么会这么脏呢？工作量那么大，工作人员不累吗？工作人员一边捞着，一边对我们说："工作量大是大，但没办法呀！这是因为在上游河段没有清理干净，有很多废弃物和残留物。风一刮，垃圾全漂到这里了。"原来是因为上游河段处理不好。多么漂亮的一条河，要是能让工作人员少干点活就好了！让我们携起手来，一起守护我们家乡的美丽河流。

这篇发表在温州新闻网"小河长巡河日记平台"上的日记，获得区团委负责人的点赞。同时，我也把这篇巡河日记转发在微信朋友圈和家长群，引起家长们的关注与点赞。

意外的重启

让事情出现转机的是，班上第一次没参加巡河启动仪式的孩子家长看到转载的作文，出乎意料地主动联系我，说孩子想去巡河、写观察作文。一周后，两篇小河长巡河日记同时发表在温州新闻网上。我照样把发表的两篇巡河日记转发到微信朋友圈和家长群里，不出所料，引起更多人的关注与点赞。班上其他家长也纷纷向我打听小河长巡河活动情况，想报名参加。

家长态度的转变让我信心大增。我决定在班里成立"彩虹礁"巡河小队，筛选了 8 名学生定时开展巡河活动，并指导他们当场写好巡河日记。此项举措获得区治水办的大力支持，授予学生巡河队旗。此后，小河长们在巡河过程中发现的河道环境污染问题、管理建议等会及时地反映给街道大河长，得到相关部门的肯定与表扬，以及及时整改的反馈。

新浪网、温州市洞头区融媒体中心（简称"洞头传媒"）等多家媒体也陆续转发我班"彩虹礁"小河长巡河日记，并做了报道。在微信朋友圈里，我班的8名"彩虹礁"巡河小河长成了小明星。小河长巡河积极性空前高涨，家长们也积极参与进来。

历经8个月的巡河活动，东屏小学"彩虹礁"巡河小队学生近二十篇巡河日记被新浪网、温州新闻网、洞头传媒等多家媒体刊登报道。在年末表彰大会上，东屏小学"彩虹礁"巡河小队一名学生被授予"温州市十佳小河长"称号，另有七名学生被授予"温州市百优小河长"称号，两张活动照片还成为温州新闻网海报宣传画的主题图。

反　思

小河长巡河活动虽然源于上级任务的分配，但不可否认，它确实为学生参与社会公共事务与志愿服务提供了很好的机会。相反，倒是我们教师和家长往往只注重学生成绩，经常忽略对学生公民基本品质与社会公共参与能力等方面的培育，这是非常值得我们反思的事情。本案例中，我从配合工作到主动投入，经历了一波三折，在思想观念上完全有了新的感受与认识，也在此总结一些经验。

1. 媒体宣传助力形成家—校—社育人价值共识

本案例中，刚开始家长对孩子参加巡河活动不乐意、不支持，虽然有部分家长片面注重学科成绩的功利性思想等原因，但也在一定程度上反映出家长们对小河长巡河活动的教育价值认识不足。那么，如何改变家长的观念、帮助突破认知局限呢？本案例给我的启示是，善于运用公众媒体宣传的力量以推进家—校—社育人共识的形成，不失为一种有效策略。当学生的巡河日记在社会新闻网、朋友圈、家长群等平台得到正面点赞与肯定后，参加巡河活动的教育价值才真正被一些家长感受到。网友的点赞和留言也极大地刺激了学生的表现欲与公共参与的自豪感。"彩虹礁"巡河小队的成立，是建立在家长、学生、学校、社会对巡河活动的共同认可的基础上的。促进家长与学生从不乐意到主动关注和参与这个转变发生的正是媒体的力量，是媒体平台让这次巡河活动的价值得到彰显，并在持续点赞与展示中被更广泛的群体认可。

2. 价值引领助力提升学生社会参与意识与能力

在小河长巡河活动中，学生对社会的观察与接触，有时不可避免地会产生负面价值体验。如何引导学生正确对待与处理社会实践中遇到的困难或困惑？如何引导学生学会在参与中提升公共参与意识与能力？此时老师的跟进指导就非常重要。在本案例中，学生一开始不愿意写"巡河日记"，部分原因还在于他们虽然参加了活动，产生了一些体验，但实际上对"巡河"的实践意义还缺乏足够的认识。案例中我通过"巡河日记"写作指导，就很好地起到了帮助学生发现问题、表达问题，并积极参与社会问题解决的作用。

为了更好地引导学生在社会公共事务参与及相关实践活动中产生积极的、正向的价值体验，学校教育层面也有很多值得去探索的地方。比如，结合学生的社会观察与价值体验，有意识地引导学生就相关社会问题的产生与解决进行调查、分析、辩论、研究等。

3. 项目活动助力构建家—校—社协同育人机制

当前政府部门、社会媒体等也在极力鼓励孩子们积极参与社会公共事务，这反映出对未来公民公共参与意识与能力培育的日益重视。政府部门、社会媒体等利用自身传播力、公信力、引导力、影响力，通过一定的项目或展示平台，为学生提供了公共参与社会实践平台，也为学校开展教育实践活动营造了浓厚的舆论氛围。

作为学校教育，应该有这样一种意识，即合理地通过项目活动参与等方式，主动构建家—校—社协同育人机制，把原先难以触及的社会资源转化为育人资源，甚至可以在此基础上继续生发更多有益于学生成长的平台与活动。比如，学校可以在小河长巡河小队基础上，建立小街长巡街小队、小园长公园巡逻小队等。

（温州市洞头区东屏中心小学　张高永）

"大拇指" 行动

背　景

目前教育中的"剧场效应"让家长倍感竞争的激烈，加重了焦虑，家庭教育凸显以下问题：一是许多家长不尊重教育规律以及孩子身心发展特点，一味按照自己既定的要求和模式，去强行培养和塑造孩子；二是当孩子与家长的预期不符时，家长表现出焦虑和紧张，但没有合适的方法参与教育过程；三是为提高孩子学习成绩，拼命送孩子进各种补习班。这些错误的家庭教育观念和行为影响家庭教育的质量，以及家校关系的和谐，使家庭教育无法与学校教育形成育人合力，助推学生发展。

温州市实验小学以构建和谐的家校关系为目的，以"大拇指"行动为载体，构建"学习行动""志愿行动"和"督导行动"平台，有效指导家长进行家庭教育，提升家长家庭育人素养，提高家庭教育质量，促使家校教育更好融合，促进学生健康发展。

过　程

场景一

小王的妈妈这几天很苦恼，自从孩子升入六年级，做作业很磨蹭，也不愿意和她沟通交流，还会经常发脾气。还好，私人订制的班级交流会给了她求助的途径。小王妈妈赶快和班主任预约了"问诊"时间。"问诊"期间，小王所有任课教师都到场了，和小王妈妈一起分析孩子的原因，寻找解决途径。心理老师还提醒小王妈妈上学校开设的"指尖学院"，学习相应的网络课程，找到解决相应问题的办法。

场景二

一年级的小艾发现班级每隔一段时间都会有别人的爸爸或妈妈去班级给他们讲一些书本之外的有趣的事情，如怎样保护牙齿，机场中的趣事等，还有同学的爸爸、妈妈带大家去参观消防大队、眼科医院、市规划局等。小艾也希望自己的爸妈能来到学校，或为班级做点事情，但自己妈妈是家庭主妇，爸爸长年在外地工作，她不知道该怎么办。但这个烦恼没过多久就解决了。

一天中午，老师发给小艾和她的同学每人一张申请表，回家让父母填写。小艾和妈妈发现，虽然妈妈不能为同学提供专业服务或资源，但妈妈可以在自己的空闲时间参与学校管理，如早上学校周围的交通管理、中午的午餐管理等。通过这张申请表，小艾在校园里也能看到妈妈的身影，开心极了。

场景三

某天，学校"大拇指"团队里各年级的家长代表和学校领导在热烈地讨论着学生校服改版的相关事宜。校长首先说明了这次校服改版的原因，接着总务主任解释新校服的样式、颜色、款式、价格等。之后对这次校服改版，家长们提出自己的建议，经过两小时的热烈讨论，最终对新校服的改版达成了一致意见。家长代表们每学期都会参与到学校方方面面的管理中，为学校提供建议，助力学校管理不断改进。

在家长们的广泛参与下，温州市实验小学逐步明晰了"大拇指"行动的核心价值理念，即以"大拇指"指代赞赏和认同，构建以学校为主导、校—家—社和谐交融的协同育人机制，并在实践中提炼形成了独特的"三立方"模式（见图 6.2），即学校家长从孩子第一

图 6.2 "大拇指"行动的三立方模式

年入学开始，就需要参与学校组织的"成长、奉献、督导"三类相应的必修以及选修学习活动，承担起"学习者、服务者、促进者"的家校协同育人角色，在这个实践过程中不断提高家长"悦纳、尊重、责任"三大品质。

"三级课程"研发，提升协同育人价值共识

围绕家长家庭教育的六大核心能力：自我觉察力、情绪管理力、亲子沟通力、自我学习力、家庭沟通力和家校合作力，选取家长亲子沟通、幼小衔接、情绪管理、父母自我成长等相关内容，开发出"大拇指"三级课程（简称"三级课程"）（见表 6.1），其课程具有层阶化和序列化的特点，有普及式初阶课程、自助式进阶课程和孵化式高阶课程，每一类课程都具有序列化内容；每位家长可以根据自己的具体情况选择所需要的课程，形成自己的成长课程表；不同成长课程内容，实施策略各异，有讲座、读书会、个性化的交流等。

家长通过"三级课程"的学习，掌握一些教育规律，学会科学的教育方法，能做到尊重孩子、正确认识孩子的优缺点，能积极承担起家庭教育应有的责任，与学校形成共同的教育价值观，赞同并且支持学校教育，使家庭教育与学校教育形成教育合力（见表 6.1）。

表6.1 "大拇指"三级课程结构

普及式初阶课程	年段学习会	G1: 学校办学理念
		G2: 亲子阅读
		G3: 家庭实验室
		G4: 亲子沟通
		G5: 青春期教育
		G6: 初小衔接
	班级读书会	G1:《欢迎来到一年级》
		G2:《孩子你慢慢来》
		G3:《好妈妈胜过好老师》
		G4:《十几岁孩子的正面管教》
		G5:《怎么说孩子才会听 如何听孩子才肯说》
		G6:《傅雷家书》
自助式进阶课程	大拇指心灵工作坊	每学年6场，6年不重复，共36期心灵工作坊内容循环开展
	大拇指指尖学院微课堂	一学年3堂课，共18节父母微学堂（30分钟）短课
孵化式高阶课程	STEP父母效能系统训练	针对低段家长，开展为期8次的封闭式课堂，并给班级家长上课

"三层级"协同，打造家校育人义工团队

为了让家长理解学校教育的方方面面，让学校和家庭成为伙伴关系，形成强大的教育合力，促进家长和学生、教师共同成长与发展，在学校成立了

校级、年级和班级三层级的"大拇指家长义工俱乐部"，每个层级的俱乐部又根据家长特点组织了"四大支柱"志愿团（见表6.2），不同志愿团发挥不同的奉献作用。

表6.2 "四大支柱"志愿团

类型	特点	作用
大拇指讲师团	有专业特长、技能	开设多种多样的特色课堂
大拇指专家团	有专业特长、技能	为学生、学校提供专业助力
大拇指资源团	有资源	为学生提供学习实践场所或机会
大拇指服务团	有时间，有能力	参与学校、班级的日常工作和活动管理

在奉献行动中，家长参与学校运转过程，深入了解学校课程，熟悉校长和教师，走近孩子的学校教育，逐步了解孩子发展的特点，通过实际行动，实现家校相互交融，助力家校协同育人。

"三督导"制度，推进学校管理民主参与

学校秉持民主路线，将家长请进来，参与学校教育教学活动的策划与监督，树立家长的主人翁意识，在此过程中促进家长、学校共同成长，助力家长提高家庭教育的能力。邀请"大拇指家长义工俱乐部"参与学校决策及管理，协助学校运作，开展全方位、多形式的"督导行动"。

在督导行动中，为了真正实现家长对学校各项活动的督导，充分发挥家长对学校整体发展的促进作用，学校针对不同的督导内容，策划不同的督导形式，吸引家长参与到行动当中来（见表6.3）。

表 6.3　督导行动框架

督导对象	督导内容	督导形式
学校管理	制度制定、后勤管理等	座谈会、膳食管理委员会、"金点子"提供、听证会等
教师教学	课堂教学、作业批改、教学态度等	家长开放日、家长满意度调查、班级家长代表座谈会等
学生学习	学习课程、各科学习情况、学习习惯等	家校联系本、反馈制度等

通过督导行动，家长参与学校教育教学活动的策划与监督，及时发现存在的问题，提出解决问题的建议。让家长更好地了解学校行为背后的逻辑，使学校各项工作为广大家长理解和认同，给学校和学生营造良好的家庭支持环境；同时进一步完善了现代学校体系的建立。

反　思

自"大拇指"行动实施以来，学校家长积极参与，极大程度促进了家校和谐，形成学校、家庭和社会的协同育人机制，形成了育人合力。

1. 有效提升家长悦纳、尊重和责任的育人价值观

在"三大行动"中，家长逐步认识和接受自己孩子的优点与缺点，将孩子视为与自己平等的个体，同时认识到家庭教育的重要性等。大部分家长都养成了良好的家庭教育的态度，如不会随意否定孩子，在态度上尊重孩子；表现出良好的家庭教育行为，当家长面对孩子的问题时，会与孩子沟通，帮助孩子解决问题，允许孩子表达自己的想法，给孩子自由选择的权利，为孩

子营造良好的学习环境，关注孩子的学习以及会和孩子的任课教师沟通，这都说明家长承担起了教育孩子应有的责任。

2. 极大促进家校和谐，协同育人

通过"大拇指"行动，家长形成了与学校一致的悦纳、尊重和责任的育人价值观，赞同学校的教育行为，并积极参与到学校教育中，为学校带来了丰富的资源，学校有目的地将这些资源镶嵌在学校教育过程中，为教育所用，为学生成长所用。如每学期有 2000 多人次参加学校志愿活动，每学期"大拇指家长义工俱乐部"承担了 10 门左右的拓展课程，每个班级每学期都有 4—5 次的"大拇指"讲堂；家长参与学校的食堂管理、午餐管理、活动管理等。在行动中，家长为孩子树立了好的榜样，能敏锐发现孩子不容易被看到的成长力量和契机，成为孩子的"家庭指导师"；同时能很好地配合学校教育，与学校形成良好的和谐关系，与学校形成教育合力，助力学生成长和发展。

3. 家校协同，助力良好亲子、师生关系形成

通过"大拇指"行动，家长的家庭教育能力有了很大的提高，随之带来的是学生对家长认同感的增强，学生可以在父母教育过程中感受和体会到父母的爱，这样就能构建起良好的亲子关系。同时，家长与教师的沟通增多后，师生沟通渠道、层次也会更加丰富，师生之间的感情更加深厚，进而让学生更加相信自己。对不同的学生施加不同的影响，减少了师生之间、生生之间的矛盾，师生关系非常和谐，这极大促进了学生身心的健康发展。

（温州市实验小学　谢作长　杨丽萍）

"财商启蒙"培育学生富强观

背 景

温州市蒲州育英学校创办于 1897 年,是一所百年老校。学校知名校友何朝育先生与黄美英女士伉俪(被称为"育英伉俪")远赴台湾创业,勤劳致富后,于 20 世纪 80 年代末 90 年代初,为解决父老乡亲看病难读书难的问题,在温州捐建了十多个医院、学校。现如今的美丽学校,是育英伉俪于 1995 年耗资 230 多万港元捐建的育英系列单位之一。学校目前有 1000 余名学生,其中有经商背景的家长人数约占 42.8%,他们中有国外的"温商",也有国内的民营企业家,还有个体工商户等。

特有的校史校情,使得我们学校与"温商"有了密切的关联。传承温州传统文化,发扬现代"温商精神"等教育命题,自然而然地成为学校办学理念与课程实践内容。"财商启蒙"即学校近几年的实践成果之一。

过 程

场景一

2015 年 11 月 11 日,校园里人头攒动,热闹非凡,掌声、笑声、吆喝声不绝于耳,一年一度的财商文化节"走在爱的路上"正如火如荼地开展着，有优秀作品拍卖、手工作品义卖、慈善捐赠、闲置品交易、"育英微基金"成立等，短短三个小时，小手牵大手，大手拉小手，为贫困的唇腭裂孩子募得爱心款 7.8 万元，创造了爱的奇迹，留下了许多美好的回忆。一位年轻妈妈带着孩子，凌晨 5 点开始赶做义卖的"爱心糕点"；一位爷爷将自己荣获国际摄影奖的作品《比翼双飞》捐出来当拍品，老师婉言拒绝，可他诚挚地说："我很欣赏贵校倡导的'财商牵手公益'的价值引领，我想加盟。"来自美国、我国香港地区的教育同仁和参与活动的各级领导、企业家、社会热心人士也都买了学生的义卖品，用实际行动为学校的财商公益活动助力、加油！

场景二

走进蒲州育英学校，校园里开银行，孩子们当行长，开心农场种桃李，拍卖行里拍爱心。但最受欢迎的"慧心超市"却挂上了"暂停营业"的牌子，还从虚掩的门内传来激烈的"争吵声"。原来，学校将举行"我是经营小能手"的财商社会实践大赛，经营超市的团队无论是营销计划书、宣传海报、摊位设计等，都已略胜一筹，但由于盲目相信网评，购进了一大批瑕疵品。后来，学校律师顾问教他们学着去维权，跟网商谈判退了一部分货，减少损失。比赛当天，队员们在家长的指导下一直微笑服务，没有以次充好，而是打五折出售次品，降低了亏损，还赢来顾客的啧啧称赞和专业评委的一致好评。老师欣慰地笑着说："虽然你们无缘冠军，却赢得了千金难买的精神财富——诚信！"

场景三

疫情期间，学校开启云端亲子项目化学习"疫情下闪亮的温商精神"，"爱国"和"富强"的价值观在温商的身上发光，在学生的心中发芽。在老师的引领和家长的支持下，学生为复工复产出力，开展了"以爱心为伞，予夏日清凉"的项目化学习，他们围绕活动中的成本、进货、收益等关键性问题进行讨论，通过开直播、现场叫卖等方式，进行线上线下销售，最后将赚到的钱买了几十大箱矿泉水运到世纪广场免费冰柜，为炎炎烈日下工作的劳动者送上一份夏日的清凉，被温州主流媒体多次报道，"小温善"的事迹在传播，精神在辐射。

温州市蒲州育英学校立足瓯越文化的人文底蕴和"台胞捐建"的特殊校史，以培养"新时代的富强少年"为教育目标，开启财商启蒙教育的实践探索，创新协同育人机制，合力引领学生从小树立正确的金钱观、财富观和劳动观等价值观，提高财富的理解力、胜任力和责任感，为幸福人生奠基，打好人生底色。

依托财商特色，建构价值目标体系

"教育好一个孩子需要一个村庄。"只有构建起家—校—社合力育人的教育好生态，实现成长资源共享，学生的价值观教育才能事半功倍。学校基于直面"历史传承不够，优渥生活影响，生活教育欠缺"等问题，开启财商启蒙实践探索，旨在开辟价值观教育新路径，引领孩子从小建构正确的金钱观、劳动观、财富观，让"富强、爱国、友善、诚信"等核心价值观在学生的心中生根发芽，助力学生养成"讲诚信、懂节俭、爱劳动、迟享受、乐奉献"等好品质，提高对财富的理解力、胜任力和责任感，为成长找到努力的方向，给自己树立一个人生标杆，并用自己的言行去"输出"，做一些于己、于人、于国有益而值得人生回顾和自豪的事情，成长为具有"温州魂、中国心、世界眼"的新时代富强少年（见图6.3）。

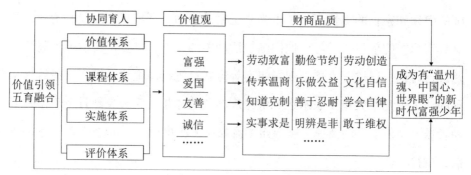

图 6.3　财商特色育人价值体系

跨界盘活资源，开发财商课程体系

　　学校盘活校内外资源，汇聚各方力量，共同参与财商校本特色课程的建设开发。老师们不遗余力、奉献自己的智慧和心血；家长们利用自己的社会资源与专业特长填补学校财商教育的空白和不足；浙江财经大学与各大银行、证券公司、理财师协会以及市政府金融工作办公室等给予大力支持和专业指导，最终形成有趣有格局的财商校本特色课程（部分内容见图 6.4），获评浙江省精品课程，并正式出版。

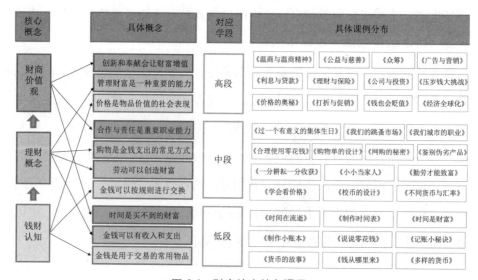

图 6.4　财商校本特色课程

同时，家长还协助学校按照"学生发展需要什么，课程就提供什么"、让学生亲历生活中的真实问题的基本理念，聚焦社会上的热点话题，开展财商课题研究，形成多学科、超学科、融合性的"财商＋拓展"型课程。如"给理财支支招""如何旅游最省""不让压岁钱睡着了"等仿真体验或实践应用，链接生活，学以致用，提高学生解决实际问题的能力，树立正确的价值取向。

合力创建教育链，共建价值实践体系

家、校、社携手创建价值观教育链，让价值观教育有操作载体，有实施体系，这是价值观教育落地的关键。为此，学校与政府部门、社会组织合作，建设价值观协同育人基地，开设价值讲坛，让学校、家长、社会各界、民间组织等成为价值观教育共同体，共建价值共识体系。（见图 6.5）。

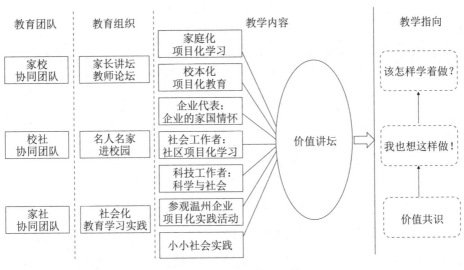

图 6.5 价值观教育共同体

在价值共识的基础上，学校充分发挥财商启蒙教育"主导在学校，主阵地在家庭，实操场在社会"的天然融合优势，合力创设"学校小课堂，家庭中课堂，社会大课堂"的操作平台和实践载体，让价值观引领下的财商启蒙，真正实现家庭教育、学校教育、社会教育三位一体，形成价值观教育链。如"财商启蒙"中的"学涯规划"，学校结合学生年龄设计成长项目，与企业合作开展职业体验，每学期分年级开展社会研学，让财商启蒙的教与学能立足社会、链接未来（见图 6.6）。

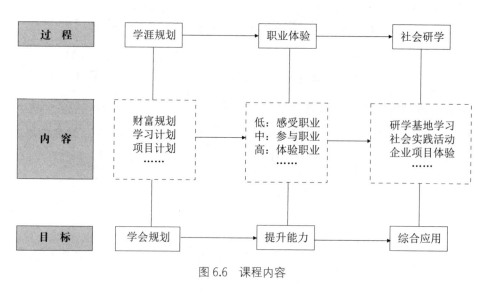

图 6.6　课程内容

立足多方协作，构建多元评价体系

　　学校携手教育合伙人鹿城农商银行，合作开发出"OTD 成长账户"的数字评价体系（见图 6.7），技术赋能，让评价主体从单一走向多元，有教师、家长、学生及社会人士等；让评价过程可见留痕，随时可复盘回望，寻找数字背后的原因，助力孩子扬长补短；让评价即时生成，突破时空限制，无论是在校内还是校外，只要扫一扫二维码，数字积分自动生成，线上线下无缝融合。其中"O账户"（取"Oneself"首字母，指"自我成长账户"），是为了激励孩子自我成长，实现从"被管理者"到"自己人生CEO"的角色转变；"T账户"（取"Teamwork"首字母，指"团队发展账户"），是为了促使团队发展，充分激活孩子的成长同伴如家长、同学、朋友、教师等互助合作的力量，使他们从旁观者转变为协助者；"D账户"（取"Dream"首字母，指"梦想点燃账户"），是为了点燃孩子的梦想，评价孩子为梦想、未来储备知识、能力，树立正确价值观的过程。多元的评价体系为撬动协同育人的成长性、可持续性提供了有效的保障，共同助力孩子遇见更好的自己。

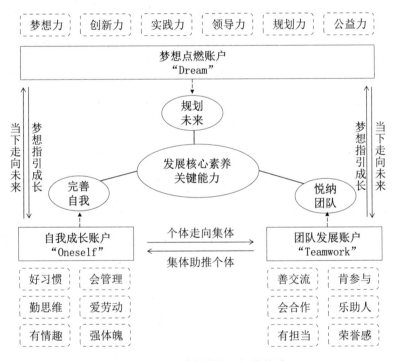

图 6.7 "OTD 成长账户"评价体系

反　思

学校协同育人机制的落实，关键要解决"协同动力不足""教育观念分歧""实践形式单一"等难题。在几年实践中，我们越来越感受到，财商启蒙教育是实践家校社协同育人模式的重要载体。

1. 同心：链接核心素养，达成观念统一

学校开展小学生财商启蒙之初，家长和社会上出现了不同的"声音"，有支持也有质疑和反对。归根究底，就是家、校、社育人观念未达成共识。为此，学校在中国学生发展核心素养中，找到了财商启蒙清晰的目标指向：即"培育劳动意识、实践创新和责任担当等面向未来的核心素养，契合家庭教育的需要和社会企业的人才的需求"；同时，我们把财商启蒙的教育意义与温州本土文化中永嘉学派代表人物叶适强调的"通商惠工、经世致用、义利并举"的思想相连接，借助本土化的精神内涵，让家庭、学校、社会产生"教育共鸣"。渐渐地，家庭和社会从教育的旁观者成为支持者，进阶为协作者，发展为教育合伙人。

2. 同行：创设协同课堂，实践多方育人

家、校、社在学校财商教育的实践进程中，逐渐从"同心"走向"同行"。在学校发展委员会的协力和筹备下，家家组建财商亲子共同体，家长成了孩子最亲密的讲师。如"小小旅行家"的研学中，家长陪同并指导孩子，制定旅游攻略、列预算清单、绘制路线图，共同商量决定旅游方案，全程参与孩子的成长过程。这样的"家长学堂"更有利于孩子心智的自由成

长。目前，学校已开设"财商十小实践""蒲苑读书声（财商版）""财商家庭故事汇"等特色课程。热心家长、企业代表和社会工作者也纷纷进入校园，成为最接地气的导师。学生们在协同课堂中发现了"校园之外的美好"：敢为人先的拼搏精神、无私奉献的公益行为、不断追求的创新之力……。这些曾都是学校课堂教育的盲点和难点，在协同课堂的作用下，逐渐迎刃而解，实现全程育人。

3.同力：联通教育资源，实现育人合力

从育人"同心"，到育人"同行"，最后实现育人"同力"，这是学校协同育人机制的最终目标。学校在落实"多教联动"协同育人机制时，充分发挥家庭、社会教育资源丰富的优势，将其整合进学校的财商教育中去，进而实现合力育人。例如，银行为学生开设了"未来银行家"研学课堂，让学生学会以礼待人、微笑处事；企业为学生开设了实践基地，让学生了解工作的不易和资源的宝贵；医院为学生开设了科普园地，让学生认识国医瑰宝，学会传承和发扬；政府部门为学生召开了城市绿化的规划会，让学生成为城市的小主人。在丰富资源的支持下，协同教育走向了内涵更为丰富的"全方位"——面向儿童未来的发展。

（温州市蒲州育英学校　张小青　刘丽敏）

出　版　人　李　东
策划编辑　池春燕
责任编辑　闫　景
版式设计　宗沅书装　孙欢欢
责任校对　马明辉
责任印制　叶小峰

图书在版编目（CIP）数据

立德树人：中小学价值观教育 36 例／王剑波主编；
胡玫，陈素平，凌华君副主编．—北京：教育科学出版
社，2021.9（2023.9 重印）
　　ISBN 978-7-5191-2777-0

　　Ⅰ.①立… Ⅱ.①王… ②胡… ③陈… ④凌… Ⅲ.
①德育－教案（教育）－中小学 Ⅳ.①G631

　　中国版本图书馆 CIP 数据核字 (2021) 第 183249 号

立德树人：中小学价值观教育 36 例
LIDE SHUREN: ZHONG-XIAOXUE JIAZHIGUAN JIAOYU 36 LI

出 版 发 行	教育科学出版社		
社　　　址	北京·朝阳区安慧北里安园甲 9 号	邮　　编	100101
总编室电话	010-64981290	编辑部电话	010-64989593
出版部电话	010-64989487	市场部电话	010-64989009
传　　真	010-64891796	网　　址	http://www.esph.com.cn

经　　销	各地新华书店		
制　　作	宗沅书装		
印　　刷	中煤（北京）印务有限公司		
开　　本	720 毫米 ×1020 毫米　1/16	版　　次	2021 年 9 月第 1 版
印　　张	17	印　　次	2023 年 9 月第 4 次印刷
字　　数	201 千	定　　价	48.00 元

图书出现印装质量问题，本社负责调换。